Frieden – Wünsche für die unruhige Welt

Dieses Buch erhebt keinen wissenschaftlichen Anspruch. Es zielt nicht darauf ab, philosophisch oder politisch zu sein.

Es präsentiert ausschließlich die Gedanken, die ich mir über mein Leben, die Erfahrungen, die ich gesammelt habe, Erlebnisse und das, was ich gesehen und wahrgenommen habe, mache.

Dieses Buch habe ich vorrangig für junge Menschen geschrieben. Ich habe versucht zu beschreiben, wie Kriege, Revolutionen und Morde entstehen. Und ich habe versucht zu erklären, was alles zur Vernichtung der Welt beiträgt und warum Hungersnöte und Krankheiten wie Krebs auf dem Vormarsch sind.

Meine Generation hat eine zerstörte Welt hinterlassen. Dafür möchte ich mich mit diesem Buch aus tiefstem Herzen entschuldigen. Nun hoffe ich sehr, dass die jungen Menschen von heute die Erde zusammen mit der nächsten Generation retten können. Vielleicht ist es noch nicht zu spät !? Vielleicht.

CYRUS BANANI

Frieden –
Wünsche für die unruhige Welt

Bibliografische Information der Deutschen Nationalbibliothek:
Die Deutsche Nationalbibliothek verzeichnet diese Publikation
in der Deutschen Nationalbibliografie; detaillierte bibliografische
Daten sind im Internet über http://dnb.dnb.de abrufbar.

Umschlagillustration: Dr. med. Cyrus Banani
Verlag: BoD · Books on Demand GmbH, In de Tarpen 42,
22848 Norderstedt, bod@bod.de
Druck: Libri Plureos GmbH, Friedensallee 273, 22763 Hamburg

ISBN: 978-3-7448-6179-3

Für meine Ehefrau Soheila
und
alle friedliebenden Menschen
und
alle Kinder in der Welt

Vorwort

Wenn der Frühling kommt, fangen die Bäume und Blumen an, zu sprießen!

Später färben die Blüten alles in den schönsten Farben und die Leute freuen sich, weil der Frühling beginnt und der dunkle Winter vorbei ist. Aber, wenn es eines Tages an einem Ort keine Pflanzen mehr gibt, wird dort auch nichts blühen. Dann besteht kein Anlass mehr dazu, den Frühling willkommen zu heißen. Was bleibt, sind Tränen und gebrochene Herzen.

Wenn Weihnachten und Neujahr nahen, wird den Menschen warm ums Herz und sie beschenken sich gegenseitig. Die Kinder bekommen leuchtende Augen und freuen sich auf die Ankunft des Weihnachtsmanns. Doch wie kann in einem Land gefeiert werden, das gerade zerstört worden ist und dessen Bevölkerung fliehen musste?

Wo sollen diese Menschen Neujahr feiern und wie?

Wohin soll der Weihnachtsmann kommen? Und werden dort noch Kinder sein, die er beschenken kann? Wird ihn überhaupt jemand willkommen heißen?

Wenn Menschen aus zerbombten Wohngebieten fliehen und nicht wissen, welcher Zukunft sie entgegenblicken – welche Nachricht würden sie dann gerne hören? Was würde sie glücklich machen?

Wie lässt sich die Trauer von Waisenkindern lindern und wie können gebrochene Herzen geheilt werden?

Das schafft kein Frühling, kein Sommer, kein Herbst und auch kein Winter!

Die Geschichte ist überschattet von Tragödien in Form von unterschiedlichsten Kriegen. Warum gesellen sich täglich neue dazu?

Und warum schämen sich die Verursacher dieser Tragödien nicht?

Weshalb lassen sie andere Länder und deren Bevölkerungen nicht in Ruhe? Dann könnte die Menschheit den Frühling, den Sommer, den Herbst und den Winter überall auf der Welt genießen.

Stattdessen führen Menschen, die teilweise sogar an denselben Gott glauben, im Namen der Religion Krieg gegeneinander!

Andere bekämpfen sich, um Land zu erobern oder um Waffen zu testen und mit dem Verkauf von Kriegsmitteln viel Geld zu verdienen.

Und wie beiläufig wird parallel überall auf dem Globus die Natur bekriegt.

Krieg vernichtet nicht nur, sondern produziert auch. Und zwar Rachegefühle, die den nächsten Krieg nähren.

Dabei könnte doch Frieden auf der Welt herrschen! Die Menschheit könnte in Ruhe, Freundschaft und im Einklang mit der Natur leben! Warum gibt es trotzdem Krieg?

Es gibt so viele schutzlose Kinder auf der Welt! Und viel zu viele dieser Kinder leben in schlimmen Verhältnissen und sind von Kriegsfolgen wie schweren Krankheiten, Hunger und Armut betroffen!

Und trotzdem gibt es Leute, die weitere Kriege anzetteln, um Profit daraus zu schlagen!

Der Tag wird kommen, an dem man sich keinen einzigen Quadratmeter sicheres Land mehr kaufen kann – selbst wenn man über alles Geld der Welt verfügt.

Jetzt, wo ich über 80 Jahre gelebt habe, verspüre ich den Wunsch, eines Tages mit sichtbar frei liegenden Händen begraben zu werden. Wenn die Menschen, die an mein Grab kommen, meine Hände sehen können, werden sie erkennen, dass sie leer sind. Ich werde nichts mitnehmen, wenn ich gehe.

Nur meinen Körper und meinen müden, hilflosen und verletzten Geist, der zu seiner letzten Ruhe gekommen ist.

Und ich nehme die Erinnerung an die Taten mit, die ich zu verantworten habe.

Dr. Cyrus Banani
Schleswig-Holstein, 11. August 2016

Am 3. Juli 1933 wurde ich in Teheran geboren.

Später habe ich dort sechs Jahre lang das Alborz-Gymnasium, das aus dem ehemaligen American College hervorgegangen war, besucht und dort mein Abitur gemacht.

Anschließend bin ich mit einem Studentenvisum nach Deutschland gereist und habe in Hamburg ein Medizinstudium aufgenommen (Januar 1954). Mit dem erfolgreichen Abschluss meines Studiums in Berlin erreichte ich ein Ziel, das ich mir schon als Kind gesteckt hatte: ich wurde Arzt.

Heute stehe ich in meinem 82. Lebensjahr, bin pensioniert und lebe in der Nähe von Hamburg. Ich erfreue mich geistiger und körperlicher Gesundheit, benötige gar keine Medikamente und kann sogar meine täglichen Spaziergänge ohne Stock genießen.

Im Laufe all der Jahre ist es mir stets eine Herzensangelegenheit gewesen, so viel wie möglich von der ganzen Welt zu sehen und mich mit den Menschen vertraut zu machen, die auf ihr leben.

Deshalb habe ich bislang über 84 Länder besucht – einige von ihnen sogar mehrmals.

In meinem Alter benötige ich nichts weiter als einen Ruhesessel, eine Brille, ein gutes Buch oder eine Zeitung und die helfenden Hände, die meine Frau mir reicht.

Obwohl ich all das habe, bin ich nicht vollständig glücklich, denn ich leide unter den schlechten Nachrichten aus der ganzen Welt!

Wenn ich den Fernseher anschalte, werde ich sofort mit Kriegen, Tötungen und Vergewaltigungen konfrontiert.

Sobald ich das Radio anmache, höre ich von Kriegen, Tötungen und Vergewaltigungen.

Und schlage ich eine Zeitung auf, springen mir ebenfalls sofort Kriege, Tötungen und Vergewaltigungen ins Auge.

Wie weit ist es mit der Menschheit gekommen, dass sie nur mit Kriegen, Tötungen und Vergewaltigungen beschäftigt ist?!

Es gibt doch so viele schöne Dinge auf der Welt, die sich beispielsweise mit schönen Worten wie »Frieden«, »Ruhe« und »Freundschaft« beschreiben lassen.

Ich möchte so gerne über Frieden schreiben! Doch bevor ich das tun kann, muss leider auch ich über Kriege, Tötungen und Vergewaltigungen schreiben.

Heute ist es mir ein Bedürfnis, dieses Buch zu schreiben.

Ich danke Gott dafür, dass ich in meinem hohen Alter über das geistige Vermögen und die Kraft dazu verfüge und psychisch sowie körperlich gesund bin.

Je älter ich werde, desto größer wird mein Interesse daran, zu lesen und über Themen, die mir bedeutsam erscheinen, zu diskutieren. Neben Medizin zählt dazu vor allem auch Politik.

Mein größter Wunsch hat sich dadurch erfüllt, dass ich Arzt geworden bin und meine Doktorarbeit geschrieben habe. Das war nicht nur mit viel Mühe und Fleiß verbunden, sondern erforderte auch ein hohes Maß an Anpassung, da es in einem fremden Land mit einer mir damals noch fremden Sprache und Kultur stattfand.

Früher im Iran:

An meine Kindheit und Jugend habe ich schöne Erinnerungen, an Situationen, über die ich mich immer noch freue und über die ich gerne spreche.

Dafür, dass sie mir ermöglicht haben, so viele schöne Erinnerungen zu sammeln, bin ich meinen Eltern bis heute sehr dankbar.

Manchmal tausche ich mich mit meiner einzigen Schwester über unsere gemeinsamen Erinnerungen aus und rede mit ihr über unsere Erlebnisse. Wir sind beide alt geworden und uns sind nur die Erinnerungen geblieben.

Neben all dem Positiven gibt es allerdings auch eine schlimme

Erinnerung an ein Erlebnis, das mich als Kind zutiefst erschreckt hat und das ich im Folgenden beschreiben werde:

Meine Großmutter väterlicherseits war eine sehr freundliche und sehr gläubige Frau. Sie lebte in der heiligen Stadt Maschhad und besuchte uns oft in Teheran, wo sie mir dann Geschichten aus ihrer Jugendzeit erzählte. Einmal bin ich mit ihr zusammen Brot kaufen gegangen, als wir unterwegs lautes Geschrei und das Weinen von Frauen und Kindern hörten. Da nahm meine Oma meine Hand besonders fest in ihre, denn die Straßen waren voller Menschen und sie hatte Angst, mich zu verlieren. Wir wären gerne umgekehrt, doch es ist uns nicht gelungen.

Stattdessen wurde meine Großmutter ohne ersichtlichen Grund von der Polizei festgenommen. Während der Festnahme entschleierten die Polizisten sie und zerrissen den Schleier, völlig ungerührt davon, dass die alte Dame sie weinend beschwor, ihn ihr zurückzugeben. Ich war sehr geschockt, hatte große Angst und weinte sehr laut.

Die schreckliche Szene hat sich tief in mein Gedächtnis eingebrannt und ich sehe noch heute vor mir, wie sich meine Großmutter schämte und die Polizisten anflehte, die nur darüber lachten. Auf mich wirkte es, als hätten die Beamten sogar Spaß daran gehabt, den Frauen ihre Schleier herunterzureißen.

Für die Frauen muss das ein riesiger Schock gewesen sein. Zuvor hatten nicht einmal die Mitglieder ihrer Familien sie ohne Schleier gesehen. Dass sie nun unverhüllt vor fremden Männern auf der Straße standen, löste tiefe Schamgefühle in ihnen aus.

Wir kehrten weinend nach Hause zurück, und meine Großmutter weinte nicht nur an diesem Tag, sondern über mehrere Tage hinweg und wurde schließlich krank. Ich hatte ja alles miterleben müssen und weinte mit ihr.

Die Frauen fühlten sich durch die Entschleierung psychisch vergewaltigt. Die Folge war, dass die Mehrheit der Frauen, die so etwas hatte erleben müssen, das Haus nicht mehr verließ und dadurch wie im Gefängnis lebte, um nie wieder in eine solche Situation zu geraten.

Später, als ich älter war, begann ich zu verstehen, dass die Polizisten auf das Geheiß von Reza Schah hin so gehandelt hatten. Fortan war ich gegen Reza Schah, auch, weil ich nicht vergessen konnte, was er meiner Großmutter damals angetan hatte.

Der Schock, den der Gewaltakt der Entschleierung im kulturellen Verständnis der betroffenen Frauen verkörperte, ist in etwa mit jenem vergleichbar, den die öffentlichkeitswirksame, gewaltsame Entkleidung einer Nonne in der Bundesrepublik ausgelöst hätte. Schließlich waren die iranischen Frauen in dieser Zeit meist bedeckter als Nonnen.

Reza Schahs Ansehen nahm durch das katastrophale Vorgehen schweren Schaden. Das hatte er nicht vorhergesehen. Er war sehr nationalistisch eingestellt und wollte den Iran gewaltsam und völlig übereilt modernisieren, um den Fortschritt voranzutreiben, hatte jedoch wenig Ahnung von Politik.

In jenen Tagen war eine große Mehrheit der persischen Bevölkerung strenggläubig. Dennoch wollte Reza Schah, dass die Iraner europäische Kleidung und vor allem europäische Kopfbedeckungen trugen. Das galt sowohl für die Frauen als auch für die Männer, die ihre traditionelle Bekleidung durch europäische Anzüge und Hüte ersetzen sollten. Dadurch sollte die Gesellschaft fortschrittlicher und moderner wirken.

Die persische Dichterin Pavin Etessami reagierte darauf, indem sie sinngemäß schrieb, es käme auf das Gehirn im Kopf an und nicht auf den Hut darauf.[1] Die Dichterin starb im Alter von nur 35 Jahren an einer Krankheit.

Mit Reza Schah nahm die Pahlavi-Dynastie ihren Auftakt.

---

1   Pavin Etessami wurde am 16. März 1906 in Täbris geboren und starb am 5. April 1941 in Teheran. Sie gilt als eine der einflussreichsten Dichterinnen Persiens und als eine der ersten Vertreterinnen einer intellektuellen Frauenbewegung im Iran.

Er war sehr tüchtig, schlau und Nationalist. Er wollte alles mit Gewalt durchsetzen – auch in seinem Privatleben.

Sein größter Wunsch bestand darin, den Iran in ein fortschrittliches Land nach dem Vorbild westlicher Zivilisationen zu wandeln. Atatürk, der damals türkischer Präsident war, verehrte er sehr und betrachtete ihn als Vorbild. Er reiste in die Türkei, war begeistert vom türkischen Fortschritt und begann, alles nachzumachen.

Atatürk war sehr gebildet und klug und politisch sehr erfahren. Als Präsident ging er sehr bewusst und überlegt vor. Als Reza Schah damals mit den gewaltsamen Entschleierungen begann, war der Großteil des persischen Volkes strenggläubig. Frauen trugen unter ihrem Schleier noch einen weiteren aus weißem Tüll, hinter dem ihr ganzes Gesicht wie hinter einem Vorhang verschwand und der bis auf die Brust hinabreichte. Auf diese Weise war ihr Antlitz vollständig vor Blicken geschützt.

Beachtlich ist, dass sie diese Verschleierung selbst beim Essen trugen und deshalb jeden Bissen von unten hindurchheben mussten, um es in den Mund zu nehmen.

Damals dominierten Teehäuser die Gastronomie Persiens, die interessanterweise als Kaffeehäuser bezeichnet wurden und außer Tee auch ein nationaltypisches Gericht namens Abguscht servierten. Dort konnten die Männer essen und stundenlang sitzen und Wasserpfeife rauchen.

Außerdem gab es kleine Geschäfte, die Kebab und gebratene Leber anboten. Frauen durften sich damals nicht zum Essen in diesen Geschäften aufhalten, aber sie konnten Kebab im Brot kaufen und dann außerhalb der Läden sitzen und ihre Mahlzeit vorsichtig unter ihrem Gesichtstuch hindurch verzehren.

Und in einer solchen Zeit mit solchen Zuständen ließ Reza Schah den Frauen gewaltsam die Schleier vom Kopf reißen!

Dadurch brachte er die meisten Menschen gegen sich auf.

In dieser Zeit lebten die meisten Iraner in Armut und hatten mit Krankheiten wie etwa Tuberkulose, Malaria und Pocken sowie Augenkrankheiten wie Trachomen, die zur vollständigen Erblindung führen konnten, zu kämpfen.

Unter diesen Bedingungen waren die Menschen mit grundlegenden Problemen beschäftigt und strebten nicht nach Modernisierung oder gar Entschleierung.

Reza Schah hatte das sprichwörtliche Pferd also quasi von hinten aufgezäumt.

Reza Schah hat viele Fehler gemacht, doch man darf auch die Dienste, die er seinem Land erwiesen hat, nicht vergessen.

Obwohl oder vielleicht gerade weil der Schah selbst Analphabet war, bewirkte er im Bildungsbereich viel Gutes. So hat er etwa eine Reihe von sehr modernen Schulen (Nobonyad-Schulen) ins Leben gerufen. Ich meine, es waren zehn.

Als Schüler einer dieser Schulen bin ich ihm dafür sehr dankbar. Neben modernen Schulen ließ Reza Schah unter anderem auch die Universität und das Krankenhaus in Teheran bauen. Mit der Lalehzarstraße errichtete er zudem eine unvergleichlich moderne Prachtstraße.

Die Gründung der Universität von Teheran galt in jenen Tagen als besonderer Schritt, den sich viele niemals zu träumen gewagt hätten. Ähnliches galt für den Bau des Krankenhauses, das sich an westlichen Standards orientierte und technisch auf dem allerneusten Stand war. Die Leitung der Klinik übernahmen Fachleute, die in Europa studiert hatten. Für damalige Verhältnisse war das ein echtes Wunder. Überhaupt kam die Eröffnung einer solchen Universität und eines solchen Krankenhauses im damaligen Persien einer Revolution gleich.

In der Lalehzarstraße wurden ein Kino, Theater, Cabaret sowie ein modernes Hotel und Cafés eingerichtet, was dazu führte, dass sie sich rasch zum Vergnügungszentrum von Teheran entwickelte.

Im Zentrum von Teheran wurde ein großer Platz mit einer Grünanlage und einem ansehnlichen Bassin mit Wasserspielen angelegt. In der Mitte befand sich ein Denkmal von Reza Schah auf einem Pferd.

Auf der einen Seite grenzte der Platz an das Ministerium für Post und Telegrafie, auf der anderen an die Lalehzarstraße und gegenüber davon führte eine weitere Straße direkt bis zum großen Basar. In diesem Areal befand sich der Palastkomplex der Kadscharen-Dynastie, die Persien bis in das Jahr 1925 hinein regiert hatte. Zu diesem Herrschersitz zählte auch der als Schams-ol-Emareh bekannte Golestanpalast, dessen erhaltene Teile heute zum Weltkulturerbe zählen. Daneben wurden sechs große und sehr moderne Häuser aus Beton errichtet, die uns heute klein erscheinen, für damalige Verhältnisse aber richtige Hochhäuser verkörperten und in denen sechs Ministerienuntergebracht waren.

An der Westseite des als Meydan-e Sepah bekannten Platzes wurde eine Prachtstraße angelegt, die bis zum Großen Platz (Bagh-e Schah) führte und primär für das Militär gedacht war! Diese Straße wurde über ihre gesamte Länge hinweg gepflastert. Wenn in der Folgezeit Militärparaden stattfanden, mussten die Steine oft von einer Vielzahl von Arbeitern mit Hammer und Meißel in mühsamer Handarbeit wieder angeraut werden, damit die Pferde nicht rutschten.

Über die Regierungszeit von Reza Schah hinweg wurde Teheran eine zunehmend modernere und schönere Stadt. Parallel herrschte jedoch leider große Armut! Gesundheitliche Probleme und insbesondere Infektionskrankheiten waren weit verbreitet. Mit dem Blick darauf wird deutlich, dass von Modernisierung und Fortschritt letztlich nur wenige reiche Menschen profitierten. Der Großteil der Bevölkerung, der von Armut betroffen war, wusste kaum, wo die Lalehzarstraße lag – und die Volksangehörigen, die es wussten, verfügten in der Regel nicht über Geld, das sie dort ausgeben konnten.

Die Lalehzarstraße hatte sich nicht zu einer Vergnügungsmeile für alle Teheraner entwickelt, sondern blieb letztlich den Reichen vorbehalten.

Damals liefen die meisten Menschen barfuß und das auf der Lalehzarstraße zu tun, wäre undenkbar gewesen. Auch daraus lässt sich ablesen, dass die Straße nur für wenige Privilegierte und nicht für das ganze Volk gedacht war.

Die meisten der in der Ära von Reza Schah eröffneten Schulen waren gebührenfrei. Dennoch konnten nicht alle Kinder eine Schule besuchen – vor allem, weil viele von ihnen arbeiten mussten. Nur die Familien, die nicht auf das zusätzliche Einkommen angewiesen waren, konnten es sich leisten, ihre Kinder nicht zur Arbeit, sondern in die Schule zu schicken. Zuvor hatten vor allem die Moscheen als Lernorte gedient. Dort wurden die Kinder von religiösen Gelehrten, den sogenannten Mullas, unterrichtet. Tagsüber gingen sie arbeiten und abends fanden sie sich in der Moscheen ein, um zu lernen.

Die Schulen, die Reza Schah gebaut hatte, waren modern und verfügten über Zentralheizungen, elektrisches Licht usw.

Nichtsdestotrotz waren die Lehrer oft sehr grob und bestraften ihre Schüler nicht selten völlig grundlos. In Wirklichkeit kompensierten sie ihre eigenen Probleme und Sorgen und ihre Unzufriedenheit, indem sie ihre angestaute Frustration an den Kindern ausließen. Das führte dazu, dass die meisten Kinder fortwährend Angst hatten. Auch mein Bruder und ich waren sehr ängstlich. Doch da wir immer aufpassten, sind wir nie bestraft worden.

Unser Vater hat uns zu Hause sehr geholfen und uns alles beigebracht. Sein oberstes Ziel bestand immer darin, eine glückliche Familie zu haben. Dafür war ich ihm immer dankbar und bin es noch heute.

Eines Tages, als ich in einem Laden anstand, um ein Brot zu kaufen, betrat ein Junge in meinem Alter den Verkaufsraum. Er schob alle beiseite, nahm sich ein Brot und begann sofort zu essen. Der Geschäftsinhaber wurde sehr böse und gab dem Jungen eine schallende Ohrfeige. Der Junge ist daraufhin weinend und barfuß, wie er war, weggerannt. Da bereute der Inhaber, was er getan hatte und bekam Mitleid. Also nahm er einen Geldschein und ging hinter dem Jungen her. Doch dieser wollte die Gabe nicht. Er war hungrig und wollte kein Geld, sondern Brot.

Das rührte den Mann so, dass er selbst weinte – und auch viele von uns Zeugen vergossen Tränen. Als der Junge schließlich ging, hielt er in der einen Hand das Geld und biss weinend von dem Brot ab, das seine andere Hand umklammerte. In dieser Zeit starben viele Menschen an Hunger.

Innerhalb der Regierungszeit von Reza Schah wurde in Persien der Ausweis eingeführt. Bis dahin hatten die meisten Menschen, die lesen und schreiben konnten, die Geburt ihrer Kinder auf der Familienausgabe des Korans notiert.

Die Einführung des Ausweises war ebenso wichtig wie revolutionär und die Perser müssen ihrem damaligen Herrscher sehr dankbar dafür sein! Außerdem wurden sechs große, moderne Häuser für sechs Ministerien gebaut. Man begann damit, Geld und Briefmarken zu drucken, gründete die Post und führte die Telegrafie ein. Auch die Verabschiedung eines Grundgesetzes, dessen Inhalt weitestgehend vom belgischen Grundgesetz übernommen wurde und das bis heute gültig ist, fiel in diese Zeit.

Es wurde eine wunderschöne Allee angelegt, die Teheran mit dem im Alborzgebirge gelegenen Schemiran verband und die man Pahlavistraße nannte. Später, als Teheran weiter gewachsen war, siedelten sich beiderseits Geschäfte an. Auf beiden Seiten gab es großzügige Fußwege, die jeweils durch einen breiten Bachlauf von der Fahrbahn getrennt waren. Durch diese Bäche floss das Wasser von Norden nach Süden und sorgte dabei für die Bewässerung der Bäume, mit denen die Allee gesäumt war. Heute gilt diese Allee als längste Straße Teherans und es gibt nirgendwo in der Stadt breitere Bürgersteige als dort.

Heutzutage sind die Geschäfte dort groß, schön und auch sehr teuer. Damals aber gestatteten die Ladeninhaber den Verkäufern, die über keine Wohnung verfügten, nachts vor den Geschäften auf der Straße zu schlafen. Und wenn im Winter einige von ihnen dort an Kälte und Hunger starben, holte die Gendarmerie morgens ihre Leichen ab und transportierte sie aus der Stadt hinaus.

Während der Regierungszeit von Reza Schah wurde auch eine Nord-Süd-Strecke für die Eisenbahn gebaut. Dies brachte großen Aufwand mit sich, denn um das Kaspische Meer mit dem Golf von Persien zu verbinden, musste das Alborzgebirge untertunnelt werden.

Doch brachte die Eisenbahn keine Vorteile, sondern hat Persien eher geschadet. Vor allem, weil sie primär aus politischen Gründen heraus gebaut worden ist.

Reza Schah hatte immer versucht, die Engländer zufrieden zu stellen, sympathisierte in Wirklichkeit aber vor allem mit Deutschland. So waren es auch Deutsche, die für die Erbauung der persischen Eisenbahn mitsamt den Bahnhöfen verantwortlich zeichneten. Der auch heute noch bestehende Bahnhof Teherans ist ein schönes Gebäude.

Doch, wie erwähnt, brachte die Eisenbahn kaum Vorteile für

Persien. Stattdessen half sie vor allem Amerika, England und Russland, die sie im Zweiten Weltkrieg für logistische Zwecke nutzten. Deshalb bezeichnete man Persien nach dem Krieg als »Siegesbrücke«. Denn das gesamte Kriegsmaterial war mit der Eisenbahn und mit Lastwagen über persisches Gebiet hinweg nach Russland transportiert worden.

Die Transportarbeiten hatten vor allem indische Soldaten übernommen, da das von Hunger, Not und Infektionskrankheiten wie Typhus und Magendarmkrankheiten erschütterte persische Volk keine eigenen Kapazitäten zur Verfügung stellen konnte. Derweil nahm vor allem Typhus in Persien überhand, während die Verarmung der Bevölkerung weiter voranschritt. Das drastische Anwachsen der Not zeigt, dass Persien, obwohl es neutral war und sich nicht aktiv beteiligt hat, zu den Verlierern des Zweiten Weltkrieges gehört.

Einer der Gründe dafür, dass Russland die Deutschen im Zweiten Weltkrieg besiegte, war die iranische Eisenbahn, die jene »Siegesbrücke« ermöglichte.

Reza Schahs Sympathie für Deutschland erwies sich für ihn als sehr ungünstig. Er wurde abgesetzt, nach Mauritius geschickt und starb später im südafrikanischen Johannesburg.

Wenn Reza Schah nicht diktatorisch regiert und die Eisenbahn nicht gebaut hätte und er nicht so hart gegen Gläubige vorgegangen wäre, würde Persien heute viel fortschrittlicher sein und nicht unter vergleichbar großen Kriegsschäden leiden.

Man darf jedoch parallel nicht übersehen, dass Reza Schah dem Land auch viele gute Dienste erwiesen und damit Geschichte geschrieben hat. Dazu zählt die Einführung eines Grundgesetzes und jene von gedrucktem Geld und Briefmarken. Auch die Ausstellung von Ausweisen und die Errichtung verschiedener Ministerien, Schulen und Krankenhäuser sowie der Teheraner Universität müssen gewürdigt werden.

Nach der Absetzung von Reza Schah folgte ihm sein Sohn Mohammad Reza Pahlavi als neuer Schah auf den persischen Thron.

Auf die Anweisung von Reza Schah hin hat sein Sohn Mohammad Reza Pahlavi schon im Teenageralter im März 1939 in Kairo geheiratet. Seine Braut war die ägyptische Prinzessin Fausia, die Tochter von König Fuad I.

Gemeinsam bekamen sie eine Tochter. Doch Fausia fuhr 1945 nach Ägypten und kam nicht mehr zurück.

Im Jahr 1948 wurde die Ehe schließlich geschieden.

Der Schah heiratete anschließend Soraya Esfandiary-Bakhtiary, deren Vater ein persischer Fürst und deren Mutter eine Deutsche gewesen war. Da aus der Verbindung keine Kinder hervorgingen, wurde jedoch auch diese Ehe wieder geschieden.

Rund anderthalb Jahre später feierte Schah Mohammad Reza Pahlavi mit Farah Diba erneut Hochzeit. Farah Diba, die nun Farah Pahlavi hieß, war gebildeter als ihre beiden Vorgängerinnen. Das Paar bekam vier Kinder und lebte bis an das Lebensende des Schahs zusammen.

Als Mohammad Reza Pahlavi König von Persien wurde, war er für diesen Posten noch sehr jung und verfügte über keine Erfahrung. Er war im Ausland aufgewachsen und ausgebildet worden und Persien und die Perser waren ihm kaum vertraut, wenn nicht gar fremd. Schnell war der junge Schah von Menschen umringt, die sich diese Lage zunutze machten und ihn negativ beeinflussten. Er verfügte eben nicht über die Klugheit und Erfahrung seines Vaters.

Armut und Krankheit verbreiteten sich immer weiter und der Spalt zwischen Arm und Reich klaffte zunehmend auseinander. Im Stadtbild von Teheran präsentierte sich die Kluft in Form von zunehmender Armut und Verfall im Süden, dem die Modernisierung und der Ausbau des reichen Nordens gegenüberstanden.

Im Norden stieg die Zahl der Kinos, Theater und Cabarets und es wurden weitere Schulen gebaut.

Die Lalehzarstraße war meist überfüllt. Mein Bruder und ich sparten unser Taschengeld und mit der Unterstützung unseres Vaters gelang es uns manchmal, mit Freunden dorthin zu gehen. Dann aßen wir Eiscreme oder Sandwiches und flanierten an den Geschäften entlang.

Ein- oder zweimal im Monat gingen wir ins Kino oder ins Theater. Mein Onkel, der eigentlich als Rechtsanwalt arbeitete, betätigte sich nebenberuflich als Theaterschauspieler und Regisseur und war damit sehr erfolgreich. Gelegentlich lud er uns ins Theater ein. Wir freuten uns immer darüber und waren sehr stolz.

Auf Empfehlung unserer Mutter hin mussten wir unsere Hemdkragen bei solchen Kino- oder Theaterbesuchen immer hochstellen. Damit wollte sie verhindern, dass uns unerzogene Menschen, die hinter uns saßen und Kürbiskerne aßen, Schalen in den Nacken pusteten.

Ich habe eine interessante Erinnerung: Wenn ein Schauspieler im Theater etwas vergaß oder wenn einer Figur etwas verheimlicht wurde, versuchte das Publikum, mit Zurufen zu helfen.

Da unser Vater so bemüht darum war, uns ein glückliches Leben zu ermöglichen, spürten wir nicht viel von der Armut um uns herum. Und doch war diese Armut unvorstellbar groß. Im Winter erfroren draußen Menschen und ihre Leichen wurden allmorgendlich von den Straßen gesammelt und weggebracht.

Ahmad Qavām al-Saltaneh nahm unter Mohammad Reza Schah das Amt des iranischen Premierministers ein. Innerhalb seiner Regierungszeit wurde die im Nordwesten gelegene Region Aserbaidschan (die nicht gleichbedeutend mit dem modernen, kaukasischen Staat gleichen Namens ist) von russischer Besatzung befreit. Qavām al-Saltaneh trug dazu bei, indem er zusammen mit der russischen Regierung einen Vertrag aushandelte, der vorsah, dass Russland sich aus Aserbaidschan zurückziehen und im Gegenzug Öl aus dem Norden Persiens erhalten sollte.

Nach der Vertragsunterzeichnung und dem Abzug der russischen Truppen weigerte sich das iranische Parlament jedoch, dem Vertrag zuzustimmen. Dennoch war es gelungen, die Region Aserbaidschan erfolgreich wieder an Persien anzugliedern – auch ohne Russland Öl zukommen zu lassen.

Qavām al-Saltaneh war ein sehr guter Politiker – klug und tüchtig. Leider blieb er nur kurze Zeit Premierminister und zog sich anschließend von der politischen Bühne zurück. Doch in der kurzen Zeit, in der er jenes Amt innehatte, stellte er sich einer Reihe von politischen Aufgaben auf vorbildliche Weise. Eines der bedeutendsten Ergebnisse seines politischen Schaffens war eben jene Befreiung der persischen Region Aserbaidschan.

Später war der Schah gezwungen, seinem Volk mehr Freiheit zuzugestehen. Das äußerte sich auch darin, dass das politische Spektrum erweitert wurde. Zu der bereits existierenden kommunistischen Partei gesellten sich jetzt weitere, neu gegründete Parteien. Besondere Bedeutung kam vor allem der Partei Nationale Front (Dschebhe Melli) zu, die unter anderem von Dr. Mohammad Mossadegh gegründet worden war. Ihr schloss sich eine Vielzahl junger und gebildeter Iraner an. Besonders Dr. Mossadegh zog die jungen Menschen mit seiner positiven Art und seinen lebendigen Reden in seinen Bann und sicherte sich damit ihre Unterstützung. Und so verwundert es nicht, dass er sich mit seiner Partei in den ersten freien Wahlen im Iran durchsetzen konnte und anschließend das Amt des Premierministers einnahm. Er war klug, in Europa ausgebildet worden, politisch begabt und tüchtig.

Dr. Mossadegh war der erste Premierminister, der vom persischen Volk gewählt worden war.

Dr. Mossadegh wandte viel Mühe, Tatkraft und Raffinesse auf, um den Ölfördervertrag mit Großbritannien unwirksam zu machen. Die britische Ölfördergesellschaft Anglo-Persian Oil Company (APOC), die nur einen Anteil von ca. 20 bis 25 % ihrer Gewinne an den Iran als ölförderndes Land abführte, weigerte sich, Verhandlungen über die Konzession zu führen. Daraufhin beschloss das iranische Parlament eine Verstaatlichung der Ölförderung und gründete die National Iranian Oil Company (NIOC), mit der sie die Ölgewinnung selbst in die Hand nahm. Großbritannien klagte dagegen vor dem Internationalen Gerichtshof im niederländischen Den Haag, erzielte damit jedoch keinen Erfolg, da sich das Gericht für unzuständig erklärte. Daraufhin ließ Großbritannien die persischen Ölexporte mit Militärgewalt stoppen. Der Iran verfügte in jenen Tagen nicht über Devisen, doch es gelang Dr. Mossadegh, iranische Anleihen drucken zu lassen. Damit ermöglichte er es der Regierung, Gehälter zu bezahlen und ihren anderen Verpflichtungen nachzukommen.

Allerdings stiegen die Devisenpreise stark an, was das Leben für uns in Deutschland sehr teuer machte.

Später habe ich in Den Haag den Stuhl gesehen, auf dem Dr. Mossadegh damals gesessen hat. In jener Zeit standen die meisten Iraner hinter ihm, d.h. sowohl die Sympathisanten der Nationalen Front als auch jene der Kommunisten und die Anhänger zahlreicher kleinerer Parteien.

Auf halber Strecke zogen sich die religiösen Kräfte jedoch

zurück und wandten sich gegen Dr. Mossadegh. Hinzu kam, dass sich der Premierminister unabhängig von deren Unterstützung schon lange gegen die Kommunisten ausgesprochen hatte, die ihm nun ebenfalls den Rücken kehrten.

Letztlich wurde Dr. Mossadegh durch einen Putsch gestürzt und anschließend bis zu seinem Tod in seiner Geburtsstadt unter Hausarrest gestellt.

Reza Schah hinterließ seinem Sohn zwei große Politiker als Erbe, die ihn im Rahmen seiner Politik und beim Regieren unterstützten. Einer von ihnen war Ahmad Qavām al-Saltane und der andere Dr. Mohammad Mossadegh. Beide hatten sich für Persien und Mohammad Reza Schah sehr verdient gemacht – doch leider wusste der Thronfolger sie nicht wirklich zu schätzen.

Als Dr. Mossadegh abgesetzt wurde, lebten mein Bruder und ich als Studenten in Deutschland. Kurz nach diesem Ereignis verkaufte mein Vater unser Haus in Persien und verließ zusammen mit meiner Mutter und meiner Schwester das Land. Zuerst gingen sie nach Istanbul in der Türkei und kamen später ebenfalls nach Deutschland.

Wir alle sympathisierten mit Dr. Mossadegh. Ganz besonders galt das für meinen Vater. Viele Perser fühlten wie er und verließen nach dem Sturz von Dr. Mossadegh ebenfalls ihr Land, weil es seit dem Putsch vom Militär regiert wurde.

Nach der Ankunft von meinen Eltern und meiner Schwester war unsere Familie in Deutschland erstmals seit Langem wieder vereint. Darüber waren wir sehr glücklich.

Meine gesamte Kindheit und Jugend hindurch habe ich mir immer gewünscht, Arzt zu werden.

Innerhalb dieser Lebensphasen zeichnete Dr. Loghman-al-doleh Adham für meine medizinische Behandlung verantwortlich. Ich habe ihn als sehr gebildeten, klugen und erfolgreichen Arzt sowie als besonders freundlichen Menschen in Erinnerung behalten. All die vielen Fragen, die ich ihm stellte, beantwortete er stets mit einem Lächeln und sehr detailliert.

Eines Tages sagte er zu mir: »Weil du Arzt werden möchtest, sollst du wissen, dass die beiden Patienten, die ich heute vor dir behandelt habe, leberkrank waren. Der eine durch zu viel Essen, der andere durch Armut und Hunger. Du musst lernen, zwischen verschiedenen Ursachen zu unterscheiden.«

Während unserer Zeit in der Hafenstadt Buschehr erkrankten mein Bruder und ich an Malaria. Damals wurde diese Krankheit ausschließlich mit Atebrin von Bayer behandelt.

Auch uns wurde das Medikament von unserem behandelnden Arzt, einem Engländer, empfohlen. Allerdings erhielten wir kein richtiges Rezept, sondern der Arzt drückte uns nur einen Zettel in die Hand, auf den er den Medikamentennamen notiert hatte. Das wunderte mich sehr. Später klärte mich mein Vater darüber auf, dass der Arzt das Mittel nicht verschreiben wollte, weil es ausschließlich in Deutschland hergestellt und vertrieben wurde. Der Mediziner war gegen Deutschland. Es war die Zeit des Zweiten Weltkrieges.

Als wir die Medizin schließlich erhielten, erwies sie sich als ekelerregend bitter. Jeden Morgen mussten wir das in Wasser aufgelöste Pulver auf nüchternen Magen trinken. Bis heute ist mir das Medikament mit seinem scheußlichen Geschmack im Gedächtnis geblieben; es hat uns alle beide gerettet!

Die schlimme Erkrankung verstärkte meinen Wunsch danach, später selber Arzt zu werden und wie jener britische Arzt und Dr. Adham andere Menschen zu heilen.

Jahrzehnte später habe ich mit meiner Zulassung als Arzt in der Tasche das Grab von Dr. Adham auf dem prominenten Friedhof in Teheran besucht.

Mein Bruder und ich sind sechs Jahre lang auf das Alborz-Gymnasium in Teheran gegangen. An dieser Schule, die aus dem ehemaligen American College hervorgegangen ist, haben wir beide Abitur gemacht. Während dieser Zeit wurde sie von Dr. Modschtahedi geleitet. Er war in Frankreich ausgebildet worden und liebte seine Schule und seine Schüler.

Es lag ihm viel daran, sie zu gebildeten und pünktlichen Menschen zu erziehen.

Das Alborz-Gymnasium eröffnete uns Schülern besondere Möglichkeiten. Es gab zwei Fußballplätze und gut ausgestattete Labore.

Darüber hinaus sorgte Dr. Modschtahedi dafür, dass seine Schüler die Chance erhielten, klassische Musik spielen zu lernen. Dieses Angebot richtete sich besonders an die armenischen Schüler (Christen), was für jene Zeit sehr ungewöhnlich und eigentlich völlig unvorstellbar war.

Wenn ich nach Hause kam, hörte ich meistens Symphonien oder altpersische Musik auf Radio Teheran.

Morgens, wenn ich erwachte, lief dort oft eine Sendung, in der ein Mann namens Schire-Khoda (was so viel bedeutet wie »Gottes Löwe«) persische Sport-Traditionen vorstellte.

Mein ganzes Leben hindurch habe ich meinen ehemaligen Arzt Dr. Adham und den Schuldirektor Dr. Modschtahedi als Vorbilder betrachtet und mir gewünscht, für andere Menschen ebenso hilfreich zu sein, wie sie. Und so habe ich mich entschlossen, Medizin zu studieren, und mir vorgenommen, ein genau so guter Arzt zu werden, wie Dr. Adham. Genau wie er wollte ich mich intensiv um meine Patienten bemühen und all ihre Fragen beantworten.

Mein Ziel begann in greifbare Nähe zu rücken, als ich ein Studentenvisum erhielt, mit dem ich nach Deutschland reisen und in Hamburg ein Medizinstudium aufnehmen konnte.

Um möglichst viel zu sehen, legte ich die Reise, die mich vom Bahnhof in Teheran aus an die Alster führte, mit der Eisenbahn zurück. Die vielen Erlebnisse dieser Reise habe ich später in meinen Erinnerungen[2] festgehalten.

Einsamkeit oder Heimweh habe ich nicht empfunden, da ich von meinem Bruder, der schon seit fünf Monaten in Hamburg studierte, in der Hansestadt empfangen wurde.

Die Stadt war schön, doch der Krieg hatte deutliche Spuren in ihr hinterlassen. Viele der Häuser, die nicht vollständig zerstört worden waren, wiesen schwere Schäden auf. Um das zu kaschieren, hatte die Regierung in einigen Fällen angeordnet, kleine Mauern vor die kaputten Fassaden zu setzen. Dennoch fiel der Blick nicht selten auf zerborstenes Mauerwerk, das halbe Räume, heraushängende Badewannen oder etwa die Überreste von Küchenzeilen preisgab.

Wer noch eine Wohnung hatte, teilte sie mit Verwandten oder auch mit völlig Fremden und versorgte diese manchmal auch mit Nahrung. Es gab kaum Essen und das wenige, das vorhanden war, wurde geteilt.

Der verdammte Krieg brachte keine Vorteile, sondern offenbarte nur Hass, der Krankheit, Obdachlosigkeit, Hunger und Armut mit sich brachte. Gepaart mit der Vergiftung von Menschen und Umwelt und der Vernichtung von Häusern, Kliniken und Menschenrechten.

Als hilfreich erwies sich der Krieg nur für die Verkäufe von Waffen und das Austesten der Auswirkungen von Giften, Bomben und chemischen Kampfstoffen auf Menschen und Umwelt.

---

2   Meine Autobiografie mit dem Titel »Von Teheran nach Hamburg« ist 2015 im Verlag Books on Demand erschienen und enthält unter anderem eine detaillierte Beschreibung meiner Reise von Teheran nach Hamburg.

Nach jedem Krieg beginnt der Krieg gegen Hunger, Armut und Krankheiten.

Das deutsche Volk schritt seiner Nachkriegszukunft mit unvergleichlicher Tüchtigkeit und Opferbereitschaft entgegen und scheute keine Arbeit. Musik, leichte Unterhaltung und kulturelle Ereignisse wie Karneval lenkten die Menschen gelegentlich ein bisschen von ihren Sorgen ab.

Es gibt Menschen, die denken, Krieg brächte Fortschritt. Ich halte das für lächerlich. Krieg bringt immer nur Vernichtung, Hunger, Krankheiten, Heimatlosigkeit, Menschenhandel, Prostitution, Traumata, Invalidität, Psychopathie und weitere Grausamkeiten.

Es ist klar, dass auf den Krieg der Wiederaufbau folgen muss. Statt Waffen werden dann Materialien für die Wiedererrichtung verkauft.

In Hamburg habe ich oft lange Strecken zu Fuß zurückgelegt, um das Leben in den Straßen zu beobachten. Die Stadt war damals schon sehr attraktiv und ist es noch heute.

Gerne lief ich an der Alster entlang und fragte mich dabei immer wieder, welche Gründe es dafür geben mochte, eine solch schöne Stadt so zu zerstören.

Es gibt doch wunderbare Zustände, die mit wunderschönen Worten wie »Frieden« und »Ruhe« umrissen werden können. Warum besinnen wir uns nicht auf sie, sondern lassen zu, dass die Welt immer wieder von Krieg und Unruhe beherrscht wird?

Ich hasse allein schon dieses Wort, »Krieg«!

1941 marschierten deutsche Truppen in Russland ein. Unzählige deutsche Soldaten erfroren in der unvorstellbaren Kälte Sibiriens. Hinzu kam, dass die Versorgung der Truppen mit Nahrung unterbrochen wurde. Insgesamt forderte der Krieg in Russland mehrere Millionen Menschenleben.

Festzuhalten bleibt auch, dass russische Soldaten nach der Niederlage Berlins viele Verbrechen an Deutschen begingen und zahllose Tötungen, Plünderungen, Diebstähle und vor allem Vergewaltigungen zu verantworten hatten.

Viele Patienten haben mir von Frauen erzählt, die sich nach dem Einmarsch der russischen Soldaten in Berlin besonders hässlich gekleidet und ihre Gesichter mit Farbe verunstaltet haben, um unattraktiv zu wirken und damit die Gefahr einer Vergewaltigung zu bannen. Viele weitere versteckten sich aus Angst. Leider half das alles oft nicht und sie wurden dennoch vergewaltigt.

Ist es möglich, die Erinnerungen an diese traumatischen Erlebnisse und die damit verbundenen Tragödien einfach zu vergessen?

Die Politik Hitlers führte zum Untergang des Deutschen Reiches, das die vier Siegermächte nach dem Krieg unter sich aufteilten. Auf diese Weise entstanden die russische, die amerikanische, die britische und die französische Besatzungszone.

Die Teilung war schmerzlich für das deutsche Volk und erwies sich in den Folgejahren aufgrund des Ost-West-Konfliktes als sehr problematisch.

Nach dem Krieg wurde Deutschland in vier Teile geteilt. Der Nordosten wurde fortan von Russland und der Nordwesten von Großbritannien verwaltet. Im Südwesten lag die französische Zone und der Südosten wurde von der amerikanischen Besatzungszone eingenommen. Berlin, das inmitten der russischen Zone lag, wurde ebenfalls in vier Teile aufgegliedert. Stadtmitte und der Osten wurden nun von Russland verwaltet, während der Westen in den Zuständigkeitsbereich von England, der Norden in jenen von Frankreich und der Südwesten der Stadt in die Zuständigkeit der Amerikaner fiel.

Damit ging einher, dass die Universität, die Oper und eine

ganze Reihe weiterer wichtiger Orte wie Theater und Museen in den Hoheitsbereich von Russland übergingen.

In den Nachkriegsjahren arbeitete das deutsche Volk unermüdlich am Wiederaufbau. Unter Verzicht und mit großer Opferbereitschaft gelang es ihm so, aus den Trümmern des Deutschen Reiches ein neues Deutschland zu errichten.

1933 übernahm Adolf Hitler die Macht in Deutschland und begann sofort damit, das Land nach seinen Vorstellungen zu verändern. Damit setzte eine unvergleichliche Leidensgeschichte für die Juden in Deutschland und Europa ein: Der von Hitler offen propagierte Antisemitismus ging ab sofort in die systematische Vernichtung jüdischen Lebens über.

Konzentrationslager wurden errichtet, um Juden, Kritiker und Menschen, die auf andere Weise nicht den von Hitler gesteckten Normen entsprachen (wie etwa geistig oder körperlich Behinderte oder Homosexuelle), zu quälen, an Überanstrengung krepieren und schließlich vergasen zu lassen. Auf diese Weise wurden Millionen von wehrlosen Menschen getötet.

So hatte Hitler nicht nur den Tod unzähliger Unschuldiger zu verantworten, sondern auch, dass Millionen von Menschen durch den Krieg zu Invaliden wurden oder bleibende körperliche und geistige Schäden erlitten. Er hat bewirkt, dass zahllose Menschen ihre Häuser durch Bombardements verloren und obdachlos wurden. Viele dieser Menschen mussten in Städte und Dörfer fliehen, die nicht ganz so stark zerstört waren, und dort nach einem Dach über dem Kopf suchen, um im Winter nicht zu erfrieren.

Die Tragödie des von Hitler ausgelösten Zweiten Weltkrieges ist in die Geschichtsbücher eingegangen und hat nicht nur Deutschland, sondern der ganzen Welt geschadet.

In der Nachkriegszeit hatte Deutschland große Männer wie etwa Herrn Prof. Theodor Heuss, den ersten Bundespräsidenten. Er hatte großen Anteil daran, dass sich das Ansehen Deutschlands in der Welt langsam zu verbessern begann.

Dr. Konrad Adenauer begleitete das deutsche Volk erfolgreich durch die Zeit des Wiederaufbaus.

Und Prof. Ludwig Erhard, der ab 1949 zunächst Bundeswirtschaftsminister und in späteren Jahren Bundeskanzler war, gelang es, die deutsche Wirtschaft wieder anzukurbeln und den Menschen dadurch als »Vater des Wirtschaftswunders« in Erinnerung zu bleiben.

Deutschland wird das Schaffen dieser Männer nicht vergessen und die Erfolge, die sie erzielten, als wichtige Kapitel der deutschen Geschichte im Gedächtnis bewahren.

Im Jahr 1955, als der Vietnamkrieg begann, befand ich mich bereits in Deutschland.

Die meisten Studenten waren gegen diesen Krieg und brachten das in zahlreichen Demonstrationen zum Ausdruck.

Im Krieg in Vietnam gelangten modernste Kriegsinstrumente zum Einsatz. Diese Mittel waren zwar neu, mehr Erbarmen zeigten sie jedoch nicht. Die meisten Vietnamesen waren Bauern, die keine Waffen besaßen. Sie lebten in ärmlichen Verhältnissen und waren damit zufrieden. Hồ Chí Minh, der das Land damals regierte, versuchte es in einen kommunistischen Staat umzuwandeln, und hatte auf der ganzen Welt viele Anhänger.

Vietnam hatte in den Jahren zuvor im Indochinakrieg bereits lange gegen Frankreich gekämpft und war kriegsmüde.

Dem Vietnamkrieg fielen nicht nur Vietnamesen zum Opfer, sondern es starben auch viele US-amerikanische Soldaten. Die meisten von ihnen kamen in den Wäldern und Sümpfen um oder verendeten in Fallen. Viele von ihnen hatten keine Chance, ihren Namen oder ein letztes Zeichen zu hinterlassen und verschwanden spurlos.

Vietnam war eine Hölle auf Erden, in der keine Sicherheit

existierte. Das lag nicht nur an den vielen Sumpfgebieten und unheimlichen Fallen, sondern auch daran, dass das ganze Land von Bomben übersät und mit Gift und Chemikalien verseucht war.

Saubere Luft, reines Wasser und unbelastete Nahrung gab es nicht mehr.

Die Reste von dem wenigen, was die Menschen zuvor besessen hatten, waren im Krieg vernichtet worden. Deshalb durchkämmten sie nach Kriegsende die Hinterlassenschaften der US-amerikanischen Streitkräfte, um ihre grundlegendsten Bedürfnisse zu befriedigen. So entstanden aus Helikopterteilen, Stofffetzen und Resten von Kriegsinstrumenten Gegenstände wie Löffel, Teller, Kleidung, Zelte und dergleichen mehr.

Vietnam ging völlig chemikalienverseucht aus dem Krieg hervor. Heute, ein halbes Jahrhundert später, ist das ganze Land noch immer vergiftet und radioaktiv verstrahlt!

Kinder kommen nicht selten mit schweren Missbildungen und körperlichen oder psychischen Beeinträchtigungen zur Welt. Es kann noch Jahrhunderte dauern, bis sich Vietnam von der Vergiftung seiner Umwelt erholt hat.

Zwanzig Jahre Krieg, Feindschaft, Obdachlosigkeit, Armut, Hunger, Krankheit, Angst und Mord – wofür? Wie kann so viel Feindschaft und Hass auf einmal wieder zu Freundschaft und Frieden werden?

Der Vietnamkrieg endete 1975 – doch wie schön wäre es, wenn der Krieg gar nicht erst ausgebrochen wäre! Das Land hätte keine so schweren Schäden und den Menschen wäre unermesslich viel Leid erspart geblieben!

Ist es überhaupt möglich, Kriege wie den Vietnamkrieg zu verantworten?

Ich habe mir ganz Vietnam angesehen und dabei auch einige der Tunnelsysteme, die mit dem Krieg in Verbindung gebracht werden, in Augenschein genommen. Besonders beeindruckt hat mich dabei eine nur über Tunnelgänge zugängliche, unterirdische Krankenversorgungsstelle, die mit Hilfe von Fahrraddynamos beleuchtet wurde. Die Zugänge waren gesichert und für Amerikaner sehr gefährlich. Hinzu kamen verengte Stellen, deren Bauweise es den im Vergleich zu den Vietnamesen meist deutlich größeren Amerikanern unmöglich machte, die Gänge zu passieren.

Heute bilden die Tunnelsysteme eine Touristenattraktion. Jetzt werden dort auch Amerikaner lächelnd mit offenen Armen empfangen und bedient.

In Indien hat Mahatma Gandhi über Jahrzehnte hinweg für die Freiheit des indischen Volkes gekämpft.

Währenddessen setzte er sich durchgehend gewaltfrei für die Unabhängigkeit Indiens ein und hatte schließlich Erfolg: 1947 wurde die britische Kolonialherrschaft über Indien offiziell beendet. Aber ist Indien tatsächlich vollständig vom Kolonialismus befreit worden?

Der Zweite Weltkrieg begann mit dem Überfall auf Polen, der viele unschuldige Menschen das Leben kostete. Dann griff das Kriegsgeschehen auf Russland und Frankreich, das auch besetzt wurde, sowie auf England über. Schließlich erklärten die Vereinigten Staaten von Amerika Deutschland den Krieg.

Interessanterweise tobte parallel ein Krieg zwischen Japan und China. Dieser nahm seinen Auftakt 1937, als japanische Truppen in China einmarschierten. Im weiteren Verlauf griff Japan nicht nur Ziele in Asien an, sondern auch Australien. Dabei wurden viele australische Soldaten und vor allem unzählige Aborigines getötet. Der japanische Bombenangriff auf die in Pearl Harbor auf Hawaii vor Anker liegende US-amerikanische Pazifikflotte am 7. Dezember 1941 führte schließlich dazu, dass Amerika auch Japan den Krieg erklärte. In der Folgezeit wurde Japan bombardiert. Die Japaner setzen den Krieg jedoch so lange fort, bis er von den Amerikanern mit Atombomben beendet wurde!

Durch den Einsatz von Atomwaffen wurde alles vergiftet! Das Trinkwasser, die Nahrung, die Luft – alles. Das Leben auf beiden Inseln, Hiroshima und Nagasaki, ist dadurch unmöglich geworden. Und doch waren viele Menschen gezwungen, dort zu bleiben. Denn wohin hätten sie gehen sollen?

Noch heute leiden die Nachkommen dieser Menschen unter den Auswirkungen der Atombombenabwürfe. Die Strahlung führte zu körperlichen Missbildungen und geistiger Beeinträchtigung bei Neugeborenen und hat die nachfolgenden Generationen dadurch deutlich gezeichnet.

Doch wer hat die Verantwortung übernommen?

Ich bin in Japan gewesen. Mit eigenen Augen zu sehen, was der Krieg den Menschen dort angetan hat, erschüttert.

Man wird traurig und fragt sich, warum das alles geschehen musste. Kann es eine Schuld geben, die rechtfertigt, dass Menschen so etwas angetan wird? Warum muss es Kriege geben und warum Bomben? Kann es einen Grund dafür geben, so etwas zu tun?

Auch die Menschen, die mit dem Handeln ihrer Regierungen nicht einverstanden waren, konnten ja schließlich nicht alle einfach an einen anderen Ort flüchten. Sie konnten doch ihre Wohnungen, ihre Arbeit oder Ausbildung und vor allem nicht ihre Familien, Freunde, Nachbarn und alles andere einfach verlassen. Und selbst wenn sie das getan hätten – wohin hätten sie gehen sollen?

Ich finde es interessant, dass es in der Regel die Regierenden sind, die Kriege beginnen. Es scheint, als ob sie einen Krieg vom Zaun brechen, wenn ihnen der Sinn danach steht und ihn wieder beenden und Frieden schließen, wenn es ihnen gerade gut »in den Kram« passt. Die Völker von kriegstreibenden Staaten scheinen jedenfalls nicht gefragt zu werden, ob sie sich Krieg oder Frieden wünschen.

Ebenfalls interessant finde ich, dass zumindest in der jüngeren Geschichte die wenigsten jener Regierenden, die Kriege eröffnen, selbst Schaden davontragen oder enge Angehörige verlieren.

Es sind Angehörige des Volkes, die getötet werden, ihre Heimat und ihre Häuser verlieren und die verletzt, arm und krank zurückbleiben.

Offensichtlich betrachten Regierende ihre Völker nicht selten als unterhaltsame Spielzeuge.

So mancher Machthaber der Welt schürt Feindschaft und erklärt den ausgemachten Feinden den Krieg. Das kann dazu führen, dass sich im weiteren Verlauf Völker bekriegen, obwohl die Menschen überhaupt nicht wissen, worum es dabei geht und was der Anlass für die Feindschaft gewesen ist.

Derweil nehmen diejenigen, die den Krieg ausgelöst haben, in der Regel gar nicht an ihm teil und müssen nicht erleben, dass Verwandte durch ihn sterben.

Früher war das anders. Da wurden Kriege Mann gegen Mann mit Schwertern ausgefochten und es war wichtig, dass derjenige, der das Sagen hatte, persönlich an den Kampfhandlungen teilnahm.

Aber jetzt? Seit es Sprengstoff und Schusswaffen gibt, können mit nur einem Schuss über große Distanzen hinweg große Menschenmengen getötet werden. Zusätzlich können mit dem gleichen Schuss noch ganze Straßenzüge verwüstet und viele Menschen heimat- und obdachlos gemacht werden.

Ich arbeitete bereits als Arzt in einem Krankenhaus und mein Bruder war als Ingenieur für AEG tätig. Wir waren beide sehr zufrieden.

Sowohl er als auch ich sympathisierten mit Dr. Mossadegh, dem ehemaligen Premierminister des Iran, den das persische Volk gewählt hatte.

In Berlin, wo wir beide lebten, hatte damals eine Zweigstelle der Nationalen Front eröffnet. Die Gründung jener Partei, die in Persien aktiv war, wurde unter anderem von Dr. Mossadegh initiiert.

Mein Bruder trat in Berlin in die Partei ein. Fortan war er als Mitglied sehr aktiv und bekleidete später sogar den Posten eines regionalen Parteivorsitzenden. Die Parteiversammlungen fanden anschließend immer in seiner Wohnung statt.

Dank des guten Rates meines Vaters bin ich selbst nie Mitglied einer Partei gewesen.

Ich habe immer hart gearbeitet und war sehr zufrieden damit, meinen Beruf ausüben zu können. Es hat mich immer glücklich gemacht, mein Ziel erreicht zu haben und Arzt geworden zu sein.

Es bedeutete mir viel, meine Arbeit gewissenhaft auszuführen und ich fühlte mich froh, wenn sie zu guten Ergebnissen führte.

Meine politische Meinung konnte ich in Diskussionen auch gut verteidigen, ohne in einer Partei aktiv zu sein.

Als ich meinen Bruder besuchte, traf ich einmal auf einige Freunde von ihm, zwischen denen eine hitzige Diskussion entbrannt war. Ein Parteigenosse meines Bruders stritt sich besonderes erbittert mit einem Parteigegner und versetzte diesem schließlich einen so heftigen Faustschlag gegen das Kinn, dass sein Kiefer verletzt wurde.

Ich hatte schon im Vorfeld lautstark gegen den hitzigen Verlauf der Debatte protestiert.

Und ich ließ keinen Zweifel daran, dass ich das Verhalten jenes Parteifreundes meines Bruders für grundlegend falsch hielt. In diesem Sinne ließ ich ihn wissen, dass wir uns glücklich schätzen sollten, in Deutschland zu sein und uns frei über Politik, Religion und alles andere äußern zu dürfen. Ich sagte ihm: »Seine Meinung zu äußern, ist hier nicht strafbar, Beleidigung dagegen schon. Du hast jemanden beleidigt und verletzt, nur weil er eine andere Meinung vertreten hat. Für diese Meinung hast du ihn körperlich und geistig bestraft. Wenn du eines Tages an die Macht kommst und dich deinem Volk gegenüber genauso verhältst, bist du nichts anderes als ein Diktator.«

Zu ergänzen bleibt, dass jener Parteifreund in dieser Zeit das Amt des Parteivorsitzenden innehatte, das später mein Bruder bekleiden sollte.

Das Erlebnis war nicht schön, aber erhellend. Es ließ mich Gott dafür danken, dass ich auf meinen Vater gehört hatte und nie in eine Partei eingetreten war.

Im Jahr 1959 war das Leben auf Kuba von zunehmenden Unruhen und Auseinandersetzungen zwischen Revolutionären und Regierungsanhängern geprägt.

Fidel Castro und Dr. »Che« Guevara galten als entscheidende Köpfe unter den Regierungsgegnern. Die beiden waren befreundet und hatten über lange Jahre hinweg gemeinsam in den Wäldern gelebt und an Kämpfen teilgenommen, die zahlreiche Opfer aufseiten aller Beteiligten mit sich brachten.

Am 9. Oktober 1967 wurde der am Vortag verwundete Dr. Guevara in Bolivien grausam exekutiert. Das Bild des getöteten Revolutionärs ging um die Welt und löste eine weltweite Trauerwelle aus. Besonders Schüler und Studenten nahmen über lange Zeit hinweg großen Anteil am Tod Dr. Guevaras.

Währenddessen setzte der Kreis um Fidel Castro den Kampf fort und führte schließlich den Sturz des kubanischen Diktators Fulgencio Batista herbei.

Meinen Informationen zufolge war Castro eigentlich Nationalist. Deshalb habe ich mich sehr gewundert, als Kuba nach der Machtübernahme durch ihn kommunistisch wurde und begann, gute Beziehungen zur Sowjetunion aufzubauen.

Seit Castros Machtantritt wurde in Kuba großer Wert auf Schulbildung gelegt. Es wurden viele gute Schulen gegründet und zahlreiche Hochschulen und Universitäten gebaut.

Parallel fand ein Ausbau des Gesundheitssystems statt, der mit der Errichtung von vielen guten Krankenhäusern einherging.

Weitere sozialpolitische Maßnahmen erhöhten die Lebensqualität und stimmten die kubanische Bevölkerung insgesamt zufrieden.

Die zunehmende Freundschaft zur Sowjetunion verdrängte die Verbindung zu den Vereinigten Staaten von Amerika.

Mit dem Ende der Präsidentschaft von Michail Gorbatschow näherte sich der sowjetische Kommunismus seinem Ende. Was Lenin einst begonnen hatte, endete nun mit der Zersplitterung der Sowjetunion. Mit der Alma-Ata-Erklärung vom 21. Dezember 1991 ging die Macht, die sich seit 1922 in ihr konzentriert hatte, wieder auf 15 Einzelstaaten über.

Diese Entwicklung lockerte die Bande zwischen Russland und Kuba und die Armut auf der Karibikinsel nahm zu.

Ich habe Kuba besucht, als es noch kommunistisch war. Die Einreise gestaltete sich nicht einfach.

In die kubanische Hauptstadt Havanna gelangte ich über einen Umweg nach Jamaika und auf dem Rückweg musste ich erst ins mexikanische Cancún reisen, ehe ich eine Maschine nach Florida (USA) besteigen konnte.

Kuba habe ich als schönes und ruhiges Land mit einer sehr modernen Gesellschaft empfunden. Die Luft war gut und das Gesundheitssystem hatte einen hohen Standard. Es gab gute Schulen und die Schüler trugen Schuluniformen. An vielen Orten spielte man wunderbare und sehr lebendige Musik und die Kubaner sind mir als besonders freundliche Menschen in Erinnerung geblieben.

Dennoch herrschte spürbare Armut. Viele Gebäude waren beschädigt oder verkommen. In den Straßen fuhren zwar große amerikanische Autos – diese waren jedoch mehrheitlich verrostet und allesamt jahrzehntealt.

Gerade erst waren ein paar neue Autos importiert worden, die jedoch wenigen Touristen vorbehalten blieben.

Vielleicht den ausländischen Kaufleuten und Politikern, die ich in einem kleinen Hotel gesehen habe. Sie wohnten dort in wunderschönen und sehr modernen Zimmern, während die anderen Räume des Hauses abgenutzt und völlig unrenoviert waren.

Wegen der damals über die Insel verhängten Wirtschaftsblockade bestand keine Möglichkeit, Material oder Ersatzteile zu importieren. Kuba blieb nur der Zigarrenexport, weshalb es kaum über Devisen verfügte.

Die Kuba-Reise ist mir positiv in Erinnerung geblieben. Sicher auch, weil wir damals großes Glück mit unserem Hotel gehabt haben. Aufgrund der Ferienzeit konnten wir ein modernes Hotelzimmer beziehen und wurden sehr umsorgt. Die wunderbare kubanische Musik spielte nur für uns – denn meine Exfrau und ich waren die einzigen Gäste des Hauses!

In Kuba ist es Fidel Castro gelungen, das Schul- und Gesundheitswesen enorm zu verbessern, obwohl große Armut vorherrschte und der Kontakt zu weiten Teilen der Staatengemeinschaft abgebrochen war.

Es verging lange Zeit, ehe Fidel Castro 2008 zugunsten seines Bruders zurücktrat. Nach Jahren des Kampfes gegen die Vereinigten Staaten von Amerika, der von Armut und Not geprägt war und Kuba in vielerlei Hinsicht isolierte, nahm der neue Präsident Raul Castro wieder freundschaftliche Beziehungen zu Amerika auf.

Vielleicht war die Bevölkerung durch all die Not und den Verzicht müde geworden und wünschte sich deshalb ein gutes Verhältnis zu der Weltmacht?

Heute gilt Kuba in den USA als beliebtes Reiseziel und die Kubaner feiern und freuen sich über ihre amerikanischen Gäste. Ob diese Freundschaft wohl ewig halten wird?

Mit ihnen kam die moderne amerikanische Musik, die sich auf der Insel rasch durchsetzte.

Und ich frage mich, warum es so viele Kämpfe geben musste? Und so viel Not, Armut und Verzicht auf das schöne Leben?

Was bedeutete der Kampf für Kuba und seine Bevölkerung?

Es hat große Männer in der Welt gegeben, die für Freiheit und Gleichheit gekämpft und ihren Einsatz mit ihrem Leben bezahlt haben.

Wie Mahatma Gandhi, Martin Luther King, Patrice Lumumba und Dr. Che Guevara oder Salvador Allende. Ihre Namen werden den Menschen in positiver Erinnerung bleiben.

Salvador Allende war ab 1970 Präsident von Chile und versuchte, auf demokratischem Wege Veränderungen in seinem Land herbeizuführen. Nachdem er 1973 vom Militär gestürzt worden war, nahm er sich das Leben. Nach ihm übernahm der

Diktator Auguste Pinochet die Macht in dem südamerikanischen Land und ließ weite Teile der Bevölkerung im wahrsten Sinne des Wortes abschlachten.

Ob er je für seine Verbrechen bestraft worden ist?

Wenn Atomwaffen oder Gift eingesetzt werden, bricht sich die Vernichtung Bahn in körperlichen und psychischen Störungen sowie vielen anderen Schäden, die über Jahrzehnte oder Jahrhunderte und vielleicht sogar über Jahrtausende hinweg andauern können.

Auch wenn beispielsweise das Grundwasser, das Erdreich sowie Wälder und Felder vergiftet sind, kann es sein, dass sich die Umwelt erst nach langen, langen Jahren oder auch nie von den Kriegsschäden erholt!

Jetzt denke ich an den Pazifikkrieg, der durch die Atombombenexplosionen über den japanischen Städten Hiroshima und Nagasaki beendet wurde, die nicht nur in Japan, sondern weltweit bleibende Schäden hinterließen.

Atombomben und andere nukleare Waffen setzen Radioaktivität frei, die über Millionen von Jahren hinweg auf die Umwelt einwirkt.

Der Mensch weiß das und hantiert trotzdem damit!

Krieg ist ein Geschäft – ein äußerst schädliches Geschäft.

Krieg steht für den Verkauf von Waffen unterschiedlichster Art. Dazu zählen verschiedenste Versionen von Bomben, chemischen Kampfstoffen, radioaktiven Waffen, Panzern und anderen Kriegsmitteln.

Und jede neu erfundene Waffe wird an unschuldigen Menschen erprobt, um das Ausmaß ihrer tödlichen Wirksamkeit zu testen.

Die sterbenden Menschen scheinen dabei gar nicht von Bedeutung zu sein.

Ich staune immer wieder darüber, wie viel Geld von den Ländern dieser Erde für Waffen ausgegeben wird. Selbst sehr arme Staaten, in denen Hungersnöte herrschen, geben ihr Geld lieber für Waffen als für Brot aus. Und wenn kein anderer Staat als Gegner zur Verfügung steht, führen die Bürger eines Landes gegeneinander Krieg und töten sich gegenseitig!

Warum?

Wie schön wäre es doch, wenn all das Geld nicht für den Krieg, sondern für schöne Dinge ausgegeben würde! Es könnte dazu dienen, Frieden zu erwirken, armen Bevölkerungen Nahrung zu geben und allen Menschen Zugang zu Bildung zu verschaffen. Die Welt könnte ein Paradies sein.

Der liebe Gott hat die Erde so schön und fruchtbar geschaffen, aber die Menschen wissen das nicht zu schätzen und arbeiten daran, sie zu vernichten.

Es gibt so viel Krieg, Massenmord, Armut und Hunger. Hinzu kommen Naturkatastrophen wie Überschwemmungen und Erdbeben, die zum Teil von Menschen verursacht sind.

Zugunsten von Geschäften wird die Erde zerstört. Ölausbeutung wird in gigantisch großem Stil betrieben und das, obwohl sie zum Teil völlig überflüssig ist. Ölbohrungen vergiften Seen und die Weltmeere. Deren Bewohner siechen an Wasserverschmutzung und unvorstellbar großen Mengen an Plastik dahin.

Goldabbau wird rücksichtslos unter Einsatz von stark gesundheitsschädlichem Quecksilber betrieben, das zu Umweltschäden und daraus resultierenden Missbildungen führen kann.

Das alles ist nicht wiedergutzumachen.

Atomwaffentests zielen auf die endgültige Zerstörung der Welt ab und jederzeit kann es zu einem großen Unglück kommen.

Allein aus wirtschaftlichen Gründen heraus, d.h. weil die Erzeugung billiger ist, wird weltweit Atomstrom produziert. In Tschernobyl und Japan hat das Versagen dieser Technik zu schlimmen Schäden geführt, von denen sich die Umwelt erst in Millionen von Jahren erholt haben wird.

Aber die Katastrophen haben uns trotzdem nicht wach gerüttelt und nicht dazu geführt, dass keine Atomkraftwerke mehr gebaut werden.

Umweltverschmutzung, Eingriffe durch Atomtests und Tests von chemischen Kampfmitteln, Kriege, atomare Abfälle, Plastikmüll und dergleichen mehr haben die Welt aus ihrem ökologischen Gleichgewicht gebracht. Die Natur unseres schönen Planeten ist aus dem Gleichklang geraten.

Die Menschheit vernichtet ihre eigene Lebensgrundlage und damit zugleich sich selbst im Selbstversuch. Es hätte schon lange die Notbremse gezogen werden müssen – doch wir werden einfach nicht wach!

Nach dem Zweiten Weltkrieg, als das Insektizid DDT auf den Markt kam, freuten sich die Menschen, setzten große Mengen des neuen Mittels ein und riefen damit katastrophale Folgen für die Welt und die Menschen, die auf ihr leben, hervor.

Die Explosion, die zur Nuklearkatastrophe von Tschernobyl in der heutigen Ukraine führte, setzte ein hohes Maß an radioaktiver Strahlung frei, das ganz Europa für Millionen von Jahren belasten wird.

Die Zahl der Krebserkrankungen steigt weltweit stetig an. Immer mehr Menschen sterben an Lungenkrebs, Leberkrebs, Brustkrebs und anderen Formen dieser Krankheit. Warum?

In Deutschland haben viele Menschen immer wieder gegen die Einlagerung von Atomabfällen protestiert. Um die Transportbehälter mit dem Nuklearmüll zu stoppen, haben sie sich auf Gleise gelegt, an Schienen gekettet, demonstriert oder sich mit Polizisten geprügelt – aber das hat alles nichts genutzt. Die atomaren Abfälle wurden trotz allem in das deutsche Endlager gebracht und dort deponiert. Dadurch sind wir einem höheren Maß an radioaktiver Strahlung ausgesetzt und werden es weiterhin sein.

Fabrikabfälle und Abfallprodukte aus Bodenbohrungen werden in großem Stil in Meere, Flüsse und Seen abgeleitet. Das vergiftet das Wasser und vernichtet das darin befindliche Ökosystem mit seinen Bewohnern. Dies stellt auch eine Bedrohung für die Menschheit dar.

Doch Großfabrikbesitzer, Ölkonzernchefs und viele andere einflussreiche Akteure denken oft nur an ihren Profit und können sich nicht vorstellen, dass ihre Gifte ihnen letztlich selbst schaden.

Vielleicht denken sie, ihr Reichtum schütze sie vor den Folgen von Umweltverschmutzung und Vergiftung? Aber was könnte einen Menschen schon vor Radioaktivität und der Verseuchung der weltweiten Trinkwasserbestände schützen?

Wenn die Welt nicht mehr bewohnbar ist, wird Geld niemandem helfen. Dann gibt es keinen Unterschied mehr zwischen Arm und Reich!

Stellen Sie sich vor, im Radio und im Fernsehen würde bekannt gegeben, dass die Welt in einer Stunde untergeht.

Was würden sie dann tun, die Großfabrikbesitzer, Ölkonzernchefs, Waffenproduzenten und Besitzer von Rohstoffvorkommen?

Würden sie sich in dieser Stunde die Zeit dafür nehmen, zu sagen, dass es ihnen leidtut, Anteil an der Vernichtung der Welt zu haben?

Der Mensch verfügt nicht über scharfe Zähne und Krallen. Deshalb kann er andere Lebewesen nicht ohne Waffe töten.

Aber nicht nur große Tiere wie Elefanten, sondern selbst ein kleines Virus, Bakterien und sogar Mücken vermögen Menschen zu töten.

Der Mensch hat kein Fell und kann sich dadurch schlechter schützen. Ein Insektenstich wie der einer Wespe oder jener einer mit Malaria infizierten Mücke kann ihn deshalb leicht umbringen.

Sein Mangelbewusstsein macht den Menschen ängstlich. Angst wiederum führt zu Aggression und aggressive Menschen führen Kriege.

Der Mensch ist das klügste und gefühlvollste Lebewesen, das Gott geschaffen hat. Doch warum zerstört er seinen eigenen Lebensraum, die Erde? Und warum tötet er seine Mitmenschen?

Warum etwa ermordet er Menschen wegen ihrer Hautfarbe? Wie im Falle der Tötung der indianischen Urbevölkerung in Nordamerika. Oder im Falle der Ermordung zahlloser Schwarzer.

Ob sich viele weiße Menschen für höhergestellt hielten oder halten als Menschen anderer Hautfarbe?

Warum wurden so viele Aborigines in Australien getötet? Und warum kam es in Afrika immer wieder zu Massenmorden?

Warum ermorden jene klügsten und empfindsamsten Lebewesen, die Gott geschaffen hat, immer wieder Menschen, um andere Länder zu erobern? Warum wird im Namen von Religionen getötet? Nur, weil jeder denkt, seine Religion sei die beste?

Warum hat der Mensch seine Menschlichkeit und sein Mitgefühl vergessen und so viel getötet? Und warum setzt sich das Morden immer weiter fort?

Früher haben die Menschen Pfeil und Bogen genutzt oder

Speere und Lanzen verwendet, um zu jagen und dadurch zu überleben. Damals wurden solche Geräte nicht gebaut, um Menschen zu töten. Heute ist das anders.

Mit dem Anwachsen der Erdbevölkerung begannen die Menschen, sich gegenseitig zu töten.

In meiner Kindheit habe ich in der Schule ein schönes persisches Gedicht auswendig gelernt. Seine Bedeutung lässt sich so umschreiben:

Eines Tages stieg ein Adler in den Himmel auf, der sehr stolz auf seine Flügel war. Da spürte er einen Stich in der Nähe seines Herzens. Als er nachsah, entdeckte er einen Pfeil, der sich in seine Brust gebohrt hatte und der aus seinen eigenen Federn gebaut worden war. Da wusste der Adler: »Es ist von uns für uns.« (Früher hat man Pfeile in Persien tatsächlich aus Adlerfedern gebaut.)

Tötet nun der Mensch den Menschen mit seinen selbstgebauten Waffen?

Ähnlich wie mit dem Waffenbau, der auf die Tötung von Menschen hinausläuft, verhält es sich mit der Erfindung und Herstellung sowie dem Verkauf und Gebrauch von Medikamenten. Denn die daraus resultierenden Schäden kommen denen eines Bombardements nahezu gleich.

Ein Beispiel dafür bildet die Vergabe des Schlafmittels Contergan an Schwangere. Weil zahlreiche schwangere Frauen das Mittel einnahmen, kamen viele Kinder ohne Arme und Beine zur Welt. Diese Medikamenten-Opfer hatten wenig vom späteren Verbot von Contergan – sie blieben Invaliden.

Warum hatte es dazu kommen müssen?

Und es gibt weitere Beispiele: Nach dem Krieg wurden ganze Städte, Dörfer und Felder mit dem Gift DDT besprüht, das schwere gesundheitliche Schäden verursacht.

In Deutschland wurde bis in das Jahr 2003 hinein das Mittel Mercurochrom als Antiseptikum zur Wunddesinfektion vertrieben, obwohl es einen quecksilberhaltigen Farbstoff enthält.

Die Reihe ließe sich weiter fortschreiben und wird heute in der Praxis mit anderen Mitteln und in anderer Form kontinuierlich fortgesetzt.

Warum wird der Profit dem Wohlergehen der Menschen übergeordnet?

Auch zu Kindererziehung habe ich eine Meinung:

Wenn ein Kind geboren wird, freuen sich im Normalfall alle. Nicht nur Mutter und Vater, sondern auch die Großeltern, Geschwister und alle anderen Verwandten sind glücklich darüber, dass der neue Erdenbürger da ist. Oft belasten sie sich finanziell sehr und wenden alle vorhandenen Mittel für die besten Babysachen usw. auf.

Doch das Kind versteht das alles noch nicht. Alles, was es vorerst braucht, ist ein warmer, gemütlich weicher Platz auf dem Schoß seiner Mutter und Muttermilch.

Aber leider stillen viele Mütter nicht und verwehren ihrem Kind dadurch das Recht auf Muttermilch. Ich empfinde das als großes Unrecht dem Kind gegenüber, das mit Milch aus dem Laden aufwachsen muss.

Wenn die Kinder größer werden, wird oft in Spielzeug investiert. Und dabei leider auch oft in das falsche.

Für mich ist es ein Zeichen für falsche Erziehung, wenn Eltern Spielzeugwaffen kaufen. Denn ein Kind, das Panzer, Maschinenpistolen, Gewehre, Kanonen, Schwerter, Messer oder Spielzeugsoldaten erhält, wird im Glauben daran erzogen, dass der Umgang mit solchen Dingen »normal« ist. Das Kind spielerisch zu bewaffnen, bereitet es in gewisser Weise auf das Töten von Mitmenschen vor. Damit leitet es zugleich zu Toleranz gegenüber der Existenz von Kriegen und Feindschaft an. Indem dem Kind suggeriert wird, dass Bewaffnung ganz gewöhnlich ist, wird es also quasi zum Kriegsbefürworter erzogen. Hier beginnt meiner Meinung nach das Unrecht.

Wenn ein Kleinkind ein Gewehr in die Hand nimmt, übt es quasi das Töten. Warum?

Sobald ein kleines Kind eine Waffe in die Hand nimmt, beginnt es, mit dem Mund Geräusche zu machen, die klingen wie Schüsse. Der Umgang mit Waffen lehrt Kinder spielerisch das Töten. Das ist ein großes Unrecht und wir sind dafür verantwortlich, dass es unseren Kindern angetan wird.

Warum wird ihm nicht in gleichem Maße etwas über Frieden und Freundschaft beigebracht?

Manche rechtfertigen den Waffenkauf für ihre Kinder damit, dass die Kinder ja Polizisten werden könnten!

Ich hoffe, sie denken auch daran, ihren Kindern zu erklären, dass Polizisten keine Mörder sind, sondern Menschen beschützen. Dass sie in erster Linie besonnen handeln und beruhigend auftreten und ihre Waffe nur im Notfall ziehen. Und sie selbst dann in nur sehr wenigen Ausnahmefällen benutzen, in denen ihr eigenes Leben oder das von anderen in Gefahr ist.

Früher kaufte man für Jungen Fußbälle, Gartengeräte, Autos und Reparatur-Sets. Oder Tierfiguren wie Teddybären, Pferde, Katzen und Hunde.

Für Mädchen schaffte man Puppen und Puppenwagen, Küchenspielzeug und ähnliches an.

Kinder sind besonders aufmerksam und lernen schnell, indem sie sich an Vorbildern orientieren. So bewegt beispielsweise ein Kind, das ein Fußballspiel gesehen hat, seine Füße automatisch in Richtung eines vorhandenen Balls. Die Puppe weckt die Muttergefühle im kleinen Mädchen und es pflegt und umsorgt sein Puppenkind als Puppenmutter ebenso liebevoll wie es es bei Müttern in seinem Umfeld gesehen hat.

Wenn man einem Kind jedoch ein Maschinengewehr in die Hand drückt, macht es sofort ein böses Gesicht, zielt auf Menschen und beginnt, Schussgeräusche nachzuahmen.

Das böse Gesicht zeigt, dass sich das Kind die Feindschaft schon angeeignet hat. Dadurch hat es bereits einen Teil seiner inneren Ruhe verloren, die nun von einer wachsenden Unruhe immer weiter zurückgedrängt wird. Wenn die Unruhe sich so breit macht, dass sie überhand nimmt, passieren Sachen, die wir in der Zeitung lesen. Warum wird den kleinen Engeln auf diese Weise Unrecht getan?

Leider werden den Kindern ihre Rechte oft vorenthalten.

Wie schon angeführt, wird beispielsweise das Recht auf Muttermilch nicht jedem Kind zugestanden.

Oft wird Kindern die ihnen zustehende Mutterliebe über Stunden hinweg entzogen.

Viele Mütter wecken die Kleinen um fünf oder sechs Uhr aus dem Tiefschlaf, holen sie aus den warmen Betten und bringen sie in großer Eile in den Kindergarten, um arbeiten zu gehen.

Eine Kindergärtnerin muss mit zehn bis fünfzehn Kindern spielen! Geht das überhaupt?

Wenn die Mütter müde von der Arbeit kommen und ihre Kinder sehen, leuchten ihre Augen. Und ihre Kinder freuen sich ebenso darüber, sie zu sehen. Es wird viel geküsst, obwohl die Mütter nach ihrem langen Arbeitstag müde sind.

Leider sind manche Mütter aus Zeitmangel heraus dazu gezwungen, ihre Kinder mit konservierten Getränken und Lebensmitteln großzuziehen.

Die meisten Getränke in Deutschland enthalten Konservierungsmittel und andere schädliche Stoffe.

Besonders Fertiggerichte enthalten darüber hinaus noch weitere Schadstoffe. Falsche Ernährung durch regelmäßigen Konsum von Fastfood und Fertiggerichten oder eine viel zu hohe Zufuhr an Kalorien führt bei Kindern und Jugendlichen nicht selten dazu, dass sie dick werden und Diabetes oder Herzerkrankungen entwickeln.

Leider findet das zu wenig Beachtung und es existiert kein angemessenes Maß an Präventionsangeboten. Es macht mich traurig zu wissen, dass es beispielsweise in Afrika oder Asien Länder gibt, in denen Kinder an Unterernährung sterben, während andernorts Menschen an übermäßigem Nahrungsgenuss zugrunde gehen.

Manche Menschen ernähren sich aus Bequemlichkeit oder Zeitmangel heraus von Fertigprodukten.

Mir tun die hilflosen Kinder leid, die vielen Giftstoffen von Geburt an ausgesetzt sind.

Zur Müdigkeit der Mütter gesellt sich die Traurigkeit darüber, dass sie so lange von ihren Kindern getrennt waren.

Und auch die Kinder sind traurig. Denn sie haben über Stunden hinweg keine Mutterliebe erfahren und die ganze Zeit auf die Rückkehr ihrer Mütter gewartet.

Zu Hause bleibt nur wenig Zeit für Hausarbeit. Deshalb werden die Kinder mit großer Hast gefüttert, gewaschen und zu Bett gebracht. Für Liebe und Schmusen und für ihre Sorgen ist kein Raum da.

Zwar sind die Kleinen glücklich darüber, endlich wieder mit

ihren Müttern vereint zu sein und deren Nähe und Herzlichkeit zu genießen, um Ruhe und Glück zu finden, doch währt die Freude nur kurz, weil die Zeit einfach zu knapp ist.

Der Nachwuchs muss schnell ins Bett, damit die Mütter alle Hausarbeiten schaffen und auch schlafen gehen können, da sich am nächsten Tag ja alles wiederholt.

Die Kinder bleiben traurig, da sie wissen, dass sie am nächsten Tag wieder von der Mutter getrennt sein werden und im Kindergarten für lange Zeit ohne Mutterliebe und vor allem auch ohne Muttermilch auskommen müssen.

Da ist es kein Wunder, wenn schon die Kleinsten unglücklich sind und nicht selten Depressionen haben und sich abschotten. Ein solcher Rückzugsprozess wird vom Nachlassen der Liebe zur Mutter begleitet. Es ist möglich, dass sich diese Kinder ihren Eltern gegenüber kühl und desinteressiert verhalten, wenn sie erwachsen sind. Warum muss es so weit kommen?

Natürlich gibt es auch Ausnahmefälle: Kinder, die ohne viel Liebe aufwachsen und später sehr liebevoll werden. Oder Kinder, die sehr viel Liebe erfahren haben und später alles vergessen.

Die berufstätigen Mütter müssen in der Regel rund acht Stunden lang arbeiten. Um das möglich zu machen, bezahlen sie einen Teil des Geldes, das sie verdienen, an den Kindergarten und ertragen die stundenweise Trennung von ihrem Kind. Entgegen ihrem eigenen Wunsch können sie über lange Zeit hinweg nicht stillen und die Kleinen müssen sich deshalb mit gekaufter Babynahrung begnügen.

Wenn ein Kind im Kindergarten hinfällt und Schmerzen hat, ist seine Mutter nicht da, um Trost zu spenden.

Sie kann auch nicht schlichten, falls es zu Streit und Raufereien kommt. Kindergärtner, die für so viele Kinder verantwortlich sind, können nicht jedes Mal da sein und haben kaum eine Chance, eine enge, persönliche Beziehung zu jedem einzelnen ihrer Schützlinge aufzubauen.

Die Bande zwischen Mutter und Kind werden durch die langen Trennungszeiten immer lockerer. Kinder verstehen nicht, warum sie ohne ihre Mütter auskommen müssen und glauben deshalb, diese würden sie nicht mehr lieben. Die tägliche Wiederholung verstärkt ihren Eindruck noch.

Das Kind wächst mit einem Grundgefühl der (Verlust-) Angst auf, das leicht in eine Depression münden kann.

Mit dem Eintritt in die Schule reißt die Kette der Wiederholungen nicht ab, sondern setzt sich dort nur in anderer Weise fort.

Wie schön wäre es, wenn Regierungen dieses Problem lösen könnten! Man kann den Frauen nicht vorschlagen, keine Kinder mehr zu bekommen. Unzählige Frauen haben den sehnlichen Wunsch, Mutter zu werden. Deutschland zählt zu den reichsten Ländern der Welt und die deutsche Regierung könnte sicher leicht Mittel aufwenden, um mehr Kindergärten an Arbeitsplätzen oder in deren Nähe zu bauen, damit Mütter in ihren Pausen bei ihren Kindern sein können. Dadurch würden sie mehr Zeit mit ihren Lieblingen verbringen, hätten die Chance, zu stillen und alle wären viel glücklicher.

Die Regierung könnte an fast alle Fabriken, Büros und Krankenhäuser Kindergärten angliedern und kleinere Betreuungsstätten zwischen den kleineren Arbeitsplätzen einrichten. So, dass alle Mütter den Betreuungsplatz ihres Kindes gut zu Fuß erreichen könnten. Damit würde sie ihre Kapazitäten nutzen, um die Beziehungen zwischen Müttern und Kindern zu festigen und damit das Maß zwischenmenschlicher Liebe zu steigern.

In sehr armen Ländern kann es passieren, dass ein Kind verhungert, wenn seine Mutter nicht arbeiten geht. In sehr reichen Ländern dagegen arbeiten Mütter in der Regel für ein besseres Leben.

Ich frage mich, warum so vielen Kindern Unrecht getan wird – in reichen und in armen Ländern, in Kriegs- wie in Friedenszeiten und überall auf der Welt.

Ich vermute, es liegt daran, dass sie schwächer sind, sich nicht so laut beschweren und kaum wehren können.

In Afrika und Mittelasien sterben unerträglich viele Kinder an Infektionskrankheiten oder Hygienemängeln und vor allem an Hunger. Und das, obwohl in den reichen Ländern so viele Nahrungsmittel vernichtet werden.

Dabei würde allein schon die Nahrung, die in Deutschland regelmäßig vernichtet wird, ausreichen, um alle hungernden Kinder in Afrika und Mittelasien zu retten!

Weite Teile des afrikanischen Kontinents sind recht fruchtbar. Mit den Lebensmitteln, die dort angebaut werden, ließe sich der Hunger erfolgreich bekämpfen. Allerdings haben viele Machthaber daran kein Interesse, sondern exportieren die landwirtschaftlichen Produkte lieber nach Europa.

Ähnlich perfide ist es, dass es den Einheimischen in vielen afrikanischen Ländern untersagt ist, in Flüssen und Meeren zu fischen. Stattdessen werden die vorhandenen Fischbestände von riesigen, hochmodernen Schiffen aus Europa eingefangen.

Mir selbst ist in Australien Nil-Fisch angeboten worden!

Auch in Ländern wie Rumänien leben sehr viele Kinder in schlechten Verhältnissen und leiden unter Hunger. Nahrung ist Mangelware und die vorherrschenden Hygienezustände sind zum Teil unbeschreiblich. Und in Deutschland denken viele Menschen derweil darüber nach, wie sie rumänische Straßenhunde retten können!

Ist diesen Menschen ein Kinderleben tatsächlich weniger wert als ein Hund?

Der Schutz von Hunden und der Tierschutz insgesamt ist eine gute Sache, die gar nicht genug geschätzt werden kann und von Charakter zeugt. Trotzdem dürfen wir die Menschen nicht vergessen. Das gilt besonders für die Kinder überall auf dieser Welt, die schutzlos und ohne Hilfe völlig verloren sind.

Auf dieser Welt wird vor allem zwei Parteien großes Unrecht getan, die beide auf andere Menschen angewiesen sind: den Kindern und den Tieren.

Wie unterschiedlich mit der Verantwortung für die Tierwelt umgegangen wird, lässt sich zum Beispiel daran ablesen, dass einige Menschen Tiere töten oder ihren Tod in Kauf nehmen, um an Pelze zu gelangen. Andere Menschen wiederum versuchen, genau das zu verhindern.

Es erstaunt mich immer wieder, wie groß die Unterschiede zwischen den Menschen sind!

Ich habe Tiere sehr gerne und weiß, dass wir Verantwortung für sie tragen. Aber wäre es nicht besser, wenn wir uns etwas mehr auf unsere Kinder konzentrieren würden? Damit meine ich nicht nur unsere leiblichen Kinder, sondern alle Kinder, die auf dieser Erde leben.

Kinder sind unsere Zukunft und deshalb verkörpern sie das größte Kapital eines jeden Landes.

In den Herzen von Menschen, die andere Menschen lieben, ist sicher auch Platz für Tiere. Doch wie kann jemand, der die Menschen nicht liebt, Tiere lieben?

In weiten Teilen Afrikas, in asiatischen Ländern wie Indien oder Bangladesch und an vielen anderen Orten auf der Welt leben Kinder unter stark erschwerten und sehr schlechten Bedingungen.

In Manila, der Hauptstadt der Philippinen, habe ich Kinder gesehen, die in Müllbergen gewühlt haben. Sie hofften, dort etwas zu finden, was sie essen oder verkaufen konnten. Und jeder Müllwagen, der ankam und Nachschub lieferte, nährte diese Hoffnung weiter.

Um die Kinder herum sah ich verdreckte Lappen von Werkzeugmachern, Kinderwäsche, blutige Tücher, Fleischabfälle, verdorbene Früchte, Obst- und Speisereste, Plastikteile, Flaschen und dergleichen mehr.

Am schlimmsten war es, den Hunger zu sehen, der den Kindern ins Gesicht geschrieben war und der dazu führte, dass sie sich um Essensreste und andere Fundstücke prügelten, um satt zu werden.

Es gibt Kinder auf der Welt, die für ein Stück Brot vergewaltigt werden.

Und es gibt Kinder, die aufgrund von Armut und Hunger verkauft werden. Es ist klar, dass diese Kinder kein glückliches Leben führen. Entweder werden sie von Sadisten gequält, für den Transport von Suchtmitteln missbraucht oder sind sexuellen Misshandlungen ausgesetzt.

Auch Kinder, die den kriminellen Machenschaften von Organhändlern ausgesetzt sind und denen Nieren, Augen oder gar Herzen entnommen werden, sind leider keine Einzelfälle.

Die meisten Menschen und Regierungen auf der Welt wissen von all dem. Manche protestieren, was aber kaum eine Wirkung nach sich zieht. Andere verschließen die Augen.

Ob diese Verbrechen wohl eines Tages der Geschichte angehören werden?

Viele Kinder leisten unvorstellbare Arbeit für uns, die sie sowohl körperlich als auch psychisch an ihre Grenzen und weit darüber hinaus führt.

Auf ihren Schultern lastet zum Teil unvorstellbares Gewicht.

Dadurch werden ihre Wirbelsäulen und damit ihre ganzen Körper irreparabel geschädigt.

An ihren Arbeitsplätzen werden die jungen Menschen oft unter Druck gesetzt und geschlagen. Psychische Schäden sind die Folge.

Einem Kind, das körperlichen Schaden erlitten und derartige Erniedrigung erfahren hat und das obendrein schutzlos und hungrig mit gebrochenem Herzen unter schlimmen Umständen aufwächst, kommt keine Chancengleichheit zu.

Glück und Erfolg sind in diesen Ländern einer sehr begrenzten Anzahl von Menschen vorbehalten.

Im deutschen Fernsehen habe ich zwei Dokumentationen über das Leben von Kindern in Rumänien gesehen. Beide Male hat mein Herz richtig wehgetan und ich konnte meine Tränen nicht zurückhalten.

Es wurde über Kinder berichtet, die in Rumänien im Abwassersystem leben und denen selbst die »normale« Luft zum Atmen, die doch eigentlich für alle da sein sollte, fehlt.

An vielen Orten auf der Welt gibt es notleidende und hungrige Kinder, die ihre Körper verkaufen müssen oder stehlen, um zu überleben. Manche sind aus einem unerträglichen Zuhause ausgerissen und leben nun mit vielen weiteren auf der Straße, wo sie oft behandelt werden wie Müll.

Der liebe Gott hat uns eine Welt überlassen, die voll mit Möglichkeiten ist. Warum müssen dennoch so viele Kinder Armut, Hunger und/oder Misshandlung ertragen?

Die Menschen sollten in Anbetracht dessen an die notleidenden Kinder denken. Und sie sollten nicht vergessen, dass Kinder auch deshalb besonders kostbar sind, weil sie unsere Zukunft verkörpern.

Kinder sind schwach und wehrlos. Deshalb sollten wir sie in

besonderem Maße behüten, statt dazu beizutragen, dass ihnen Unrecht geschieht. In Kriegs- und in Friedenszeiten.

Man muss nicht in die Ferne sehen. Sogar in Deutschland, einem der reichsten Länder der Welt, leben viele Menschen in Armut. Auch hier gibt es Kinder, die nicht genug zu essen bekommen und beispielsweise nicht an Klassenfahrten teilnehmen können, weil ihren Familien das Geld dafür fehlt.

Die Regierung ist stolz darauf, einen Überschuss in Milliardenhöhe erwirtschaftet zu haben. Statt das Geld da einzusetzen, wo es dringend benötigt wird, sorgt sie fürsorglich dafür, reichen Menschen zusätzliche Steuervergünstigungen zu verschaffen.

Was sollen die oft mittellosen Rentner davon halten, die ihr ganzes Leben lang hart gearbeitet und sich darauf gefreut haben, im Alter ein sorgenfreies Leben zu genießen?

Vor Cafés habe ich alte Männer und Frauen gesehen, die besorgt ihr Kleingeld gezählt haben und traurig wieder gegangen sind, weil es nicht für eine Tasse Kaffee gereicht hat.

Ich will mich nun einem anderen Thema zuwenden:
Tiere mag ich sehr gerne. Deshalb bin ich dagegen, Tiere zu quälen. Zum Unrecht, das Tieren angetan wird, möchte ich sagen: Wer seine Mitmenschen liebt, quält auch keine Tiere.

Den Menschen, die in der Lage sind, lebendigen Vögeln die Flügel zu brechen oder die Federn auszurupfen, die für Pelze töten und Elefanten ermorden, um an deren Zähne zu kommen, oder die aus Gehorsam heraus Tiere schlagen und auf andere Weise quälen, fällt es vermutlich auch leicht, andere Menschen zu quälen oder gar zu töten.

Leider hat die Menschheit sich herausgenommen, in die von Gott geschaffene Natur, zu der auch die Tiere zählen, einzugreifen und sie nach eigenem Gusto zu verändern. Man denke etwa daran, wie Katzen und Hunde von Menschen gehalten werden.

Schweine werden auf dem Transport oft so zusammengepfercht, dass sie sich verletzen oder sogar sterben. Beim Entladen werden sie manchmal mit Fußtritten von der Ladefläche befördert und brechen sich dabei nicht selten Knochen.

Schweine sind klug. Sie spüren, riechen und verstehen, dass im Schlachthof der Tod auf sie wartet. Doch wenn sie versuchen, Widerstand zu leisten, werden sie mit Tritten und Schlägen vorwärts getrieben.

Warum werden Enten bei lebendigem Leib die Federn ausgerissen, um damit Kopfkissen zu füllen?

Und warum werden ihnen die Flügel gebrochen, damit sie nicht mehr fortfliegen können und mehr Fett ansetzen?

Manche Menschen halten Vögel für ihren eigenen Genuss. Doch die Flügel der Vögel sind zum Fliegen gedacht und der Vogelgesang, der aus einem Käfig ertönt, handelt von Leid und Einsamkeit und nicht von Freude.

Ich erinnere mich an eine Geschichte, die ich als Kind in der persischen Übersetzung des indischen Buches »Kelileh und Demneh« gelesen habe. Darin ging es um einen Kaufmann, der sich einen Papageien im Käfig hielt. Als der Mann nach Indien reisen wollte, fragte er den Vogel, was für ein Geschenk er ihm aus Indien mitbringen sollte. Doch der Papagei wünschte sich nur, dass der Mann den Papageien in Indien Grüße ausrichtete.

Als der Mann einem indischen Papagei die Grüße überbrachte, stürzte dieser vom Baum und stellte sich anschließend tot. Der Kaufmann wunderte sich darüber und war traurig.

Als er nach Hause zurückkehrte und seinem Vogel erzählte, was geschehen war, stürzte dieser von seiner Stange auf den

Boden des Käfigs und schien tot zu sein. Doch als der schockierte und untröstliche Kaufmann ihn heraushob, um ihn zu begraben, flog der Papagei davon und setzte sich auf einen Baum. Von dort aus ließ er wissen: »Mein Artgenosse hat mich darüber informiert, dass ich mich tot stellen muss, um befreit zu werden.«

Wenn man uns für fünf Minuten in ein Zimmer sperrt, werden wir sehr unruhig und beginnen damit, einen Ausweg zu suchen. Wenn wir mit einem Fahrstuhl stecken bleiben, bekommen wir Panik und hoffen, schnell befreit zu werden.

Oder wenn ein großes Kreuzfahrtschiff am Strand anlegt. Dann beeilen sich alle, um so schnell wie möglich auszusteigen und an Land zu kommen. Als ob das Luxusschiff ein schöner Wasserkäfig gewesen ist.

Wenn ein Flugzeug gelandet ist, möchten alle Passagiere schnellstmöglich von Bord. Oft kann man das Geräusch von Öffnen der Sicherheitsgurte hören, obwohl die Crew darum gebeten hat, noch angeschnallt sitzen zu bleiben. Nichtsdestotrotz wollen sich alle sofort aus dem fliegenden Käfig befreien.

Wenn wir selbst also das Leben im Käfig nicht lieben, warum muten wir es dann den Vögeln zu?

Man tötet Elefanten, um an ihre Zähne zu gelangen, und erlegt andere Tiere wegen ihres Fells.

Viele weitere Lebewesen leiden für Shows oder werden im Zirkus gequält.

Warum ist der Mensch so erbarmungslos?

Für mich ist das alles Krieg gegen die Natur.

Die Wälder werden niedergebrannt oder die Bäume gefällt. Dadurch sterben die Tiere. Und diejenigen, die überleben, sind so heimatlos wie die Menschen in einer zerbombten Stadt und müssen sich eine neue Heimat suchen.

In Wirklichkeit zerstört der Mensch die Natur und die Natur reagiert nur darauf.

Im Zirkus werden Tiere aus Gründen des Profits gequält. So zwingt man dort etwa Elefanten zum Tanzen! Das ist wider ihre Natur und deshalb einfach schrecklich! Wie lange muss man einen Elefanten quälen, damit er tanzt?

Wir brauchen uns wirklich nicht zu wundern, wenn ein solcher Elefant durchdreht, Menschen angreift und zertrampelt.

Der Löwe, der eigentlich als König der Savanne gilt, wird so lange gequält, bis er Männchen macht und durch brennende Reifen springt.

Damit Löwen, Elefanten, Pferde und andere Zirkustiere so etwas tun, werden sie von einem Menschen mit einer Peitsche so lange in Schach gehalten, bis sie die gewaltsam vermittelten Kunststücke von selbst vollführen.

Es ist klar, dass diese Tiere ihre Peiniger angreifen, wenn sie die Gelegenheit dazu erhalten.

Meiner Meinung nach ist auch ein Zoo ein Gefängnis.

Die Tiere werden gegen ihren Willen aus ihrem natürlichen Lebensraum gerissen und zum Zoo gebracht. Dort werden sie eingesperrt und fristen ein Dasein auf begrenztem Raum, das oft mit einem ihnen völlig fremden Klima einhergeht.

Ein Gefängnis kann sehr klein und eng, aber auch sehr groß und komfortabel sein – es bleibt immer ein Gefängnis.

Ich frage mich, ob im 21. Jahrhundert tatsächlich noch Tierparks benötigt werden.

Früher war es nicht so einfach, zu verreisen, und die Möglichkeiten, die Fernsehen, Radio, Film und Internet heute bereithalten, existierten damals noch nicht.

Nur Privilegierte konnten reisen und andere Lebensräume erkunden und selbst sie verfügten höchstens über einfache Fotoapparate.

Über die Tiere, die in anderen Lebensräumen lebten, war kaum etwas bekannt.

In dieser Situation sind die Tierparks entstanden und haben sich für diejenigen, die nicht in ferne Länder reisen konnten, als sehr informativ und lehrreich erwiesen.

Doch jetzt gibt es ja so viele Wege, um an Informationen zu gelangen, die jedem offenstehen. Man kann sich Bilder und Filme über das Verhalten, die Vermehrung, die Jagdgewohnheiten und Kämpfe von Tieren ansehen, die in fernen Ländern beheimatet sind, ohne diese Tiere aus ihrem natürlichen Umfeld zu reißen.

Benötigen wir zusätzlich zu all den Möglichkeiten, die das 20. Jahrhundert für uns bereithält, tatsächlich noch Tierparks?

Die armen Tiere, die in solchen Parks leben, müssen sich oft nicht nur an eine neue Umgebung anpassen, sondern sind nicht selten ganz anderen klimatischen Bedingungen ausgesetzt als in ihrer Heimat.

Beispielsweise für Kängurus, die in ihrem Lebensraum unter australischen Klimaverhältnissen leben, ist das europäische Klima nicht geeignet.

Bären, Löwen und viele weitere Tiere gehören in die freie Natur. Ein Gehege wird immer ein beengtes Gefängnis für sie sein – auch wenn es großzügig gestaltet ist.

Dass Zootiere vom Menschen abhängig sind, widerspricht ihrer Natur. Sie würden verhungern, wenn sie von den Menschen keine Nahrung mehr erhalten würden. Ich glaube, dass die meisten Zootiere wegen ihren unnatürlichen Lebensbedingungen unter Depressionen leiden.

In armen Ländern leben auch die Zootiere unter schwierigen Bedingungen. Wenn die Menschen selbst nicht genug zum Essen haben, können sie die Tiere nicht richtig ernähren. Wenn man etwa bedenkt, wie viel Fleisch ein Löwe am Tag benötigt, scheint es wahrscheinlich, dass ein solches Tier in einem solchen Umfeld unter chronischem Hunger leidet.

Ein anderes Problem bildet der Wasser- und Energieverbrauch von Tierparks. Hinzu kommt die Abfallproduktion.

So landen unterschiedlichste Arten von Abfall im Abwasser, von wo aus sie in die Flüsse und Meere gelangen. Weiterer Müll wird verbrannt und vergraben oder abtransportiert. Nur wohin?

Fest steht, dass Luft und Wasser verschmutzt werden und dass dies unserem Planeten schadet.

Es hat sich eingebürgert, dass überall auf der Welt Abfälle verbrannt werden, was ein erhebliches Maß an Luftverschmutzung mit sich bringt.

Das Abwasser aus Fabriken und Haushalten fließt zurück in die Trinkwasseraufbereitung und trägt seinen Teil zur Vergiftung der weltweiten Trinkwasserbestände bei.

Leider gibt es viel Korruption in der Welt. Wird so etwas denn nicht bestraft?

Die Menschen schaffen sich fortwährend neue Gegenstände an, was zu Bergen von Abfall führt. Vieles davon wird verbrannt und verpestet dadurch die Luft.

Früher wurden Gebrauchsgegenstände lange benutzt. Elektronische Haushaltsgeräte wie Waschmaschinen, Geschirrspüler, Staubsauger, Bügeleisen, Kühlschränke und Herde waren qualitativ hochwertig und bildeten langlebige Anschaffungen. Das Gleiche galt für Elektrogeräte wie Fernseher, Radios, Grammophone, Telefone usw.

Es war üblich, dass Kinder einmal die Sachen von ihren Eltern übernahmen und weiter verwendeten.

Aber heute gibt es nur drei Jahre Garantie auf alles! Das bedeutet, dass man nach drei Jahren alles entsorgt, was einen kleinen Defekt hat, da die Reparatur in der Regel teurer ist als eine Neuanschaffung. Also kauft man ein neues Gerät und wirft das alte weg!

Ein interessantes, neues Gesetz sieht vor, dass Geschäfte Plastiktüten nur gegen Geld ausgeben sollen, um die Umwelt zu entlasten.

Geschäfte verlangen oft 10 oder 20 Cent für eine Plastiktüte. Das wird dann als Umweltschutz bezeichnet, obwohl die Kunden für ihren Einkauf meist 10, 20 oder mehr Plastiktüten ganz umsonst benutzen und mitnehmen können.

So werden allein schon für Gemüsesorten wie Spargel jährlich Hunderte an Kilometern an Verpackungsmaterial aus Kunststoff verbraucht!

Die Erfindung von Mobilfunk, Computer und Internet hat vieles leichter gemacht und uns sehr erfreut.

Es ist nie gut, etwas zu übertreiben. Das gilt auch für den Umgang mit diesen Erfindungen. Die Benutzung von Computern, Internet und die Dauerpräsenz von Funkstrahlen schaden uns sehr. Die Arbeit unserer Gehirnzellen wird gestört, unsere Augen werden immer schwächer und viele Menschen immer nervöser.

Besonders junge Leute nutzen Computer und Internet, um Probleme zu lösen, und vernachlässigen ihre eigene Denkfähigkeit.

Junge Ehepaare entfremden sich voneinander, da beide Partner oft nur mit Handy und Internet beschäftigt sind. Jeder versucht, seine Probleme internetgestützt alleine zu lösen. Beratung wird kaum in Anspruch genommen.

Selbst das Klima innerhalb von Familien ist nicht selten erkaltet und die zwischenmenschliche Basis in Auflösung begriffen. Immer mehr Menschen fühlen sich inmitten ihres Beziehungsgeflechts einsam und die Einsamkeit macht Angst und fördert Depressionen.

Diese Probleme sind eine große Katastrophe für die Menschheit. Und wir wissen nicht, was noch hinzukommen wird.

Viele junge Menschen glauben, dass sie alles im Internet finden können und keine echten zwischenmenschlichen Kontakte und Gespräche mehr brauchen. Das führt dazu, dass immer mehr Menschen unter Einsamkeit und Depressionen leiden. Hinzu kommen Strahlenschäden.

Und wo bleiben die Abfälle all der Geräte, die diese Menschen nutzen, um sich von ihren Mitmenschen zu entfremden?

Nun ein anderes Thema:

Wenn sich alle immer und überall an die Gesetze halten würden, würde überall Ordnung herrschen. Dadurch würden viel weniger Probleme auftreten und es ließe sich auf der ganzen Welt viel angenehmer leben.

Sich überall an die Gesetze zu halten bedeutet, dass die gesetzlichen Regelungen wirklich an jedem Ort gewahrt werden, d.h. auch Zuhause, in den Schulen und Universitäten, den Ämtern, Krankenhäusern, Altersheimen, Restaurants, Cafés, Kaufhäusern, in Bussen und Bahnen und beispielsweise auch im Umgang mit Tieren und und und ...

In den Bussen kommt es immer wieder vor, dass sich junge, gesunde Menschen auf die Plätze setzen, die für ältere oder gehandicapte Menschen reserviert sind. Nicht selten besetzen sie zusätzlich auch noch ihre Nebenplätze rücksichtslos mit ihren Schultaschen.

Die meisten jungen Menschen stellen ihre Plätze aber sofort zur Verfügung, wenn sie sehen, dass ein älterer oder gebrechlicher Mensch ansonsten stehen müsste.

Wie schön wäre es doch, wenn alle Eltern ihre Kinder zu solch rücksichtsvollem Verhalten anleiten würden.

Gute Erziehung kommt von Zuhause – nicht aus der Schule.

Auch die Haltung von Tieren benötigt gesetzliche Regelungen, um die artgerechte Versorgung und Gesundheit sowie den Impfschutz und die Ernährung von Tieren abzusichern.

An den Türen von Restaurants, Cafés und Lebensmittelgeschäften hängen oft Schilder, mit denen darauf hingewiesen wird, dass Hunde draußen bleiben müssen.

Solche Hinweise zu missachten, ist nicht nur unhöflich, sondern auch hygienisch bedenklich.

Allergiker leiden unter Umständen sehr unter Hunde- und Katzenhaaren. Sie bekommen mitunter Juckreiz, Husten oder Ausschlag und ihre Augen können brennen oder ihre Nasen laufen. Bei Asthmatikern kann das Eiweiß im Speichel von Hunden Anfälle auslösen. Das zu riskieren, ist ein Unrecht.

Auch für die Hunde selbst bildet beispielsweise ein Aufenthalt in einem Restaurant keine schöne Erfahrung. Für sie ist es qualvoll, all die verlockenden Essensgerüche ertragen zu müssen, ohne Nahrung zu erhalten.

Ich selbst hatte über lange Jahre hinweg einen Hund und habe mich immer an alle Gesetze und Regelungen gehalten.

Noch einmal zurück zu den Kindern:

In Kriegszeiten verlieren viele Kinder ihre Eltern und bleiben dann alleine und besonders schutzlos zurück. Diese Kinder benötigen ganz besonders dringend Schutz und Hilfe. Da sie ihre Familien verloren haben, muss diese Hilfe von Fremden kommen. Hier sind sowohl Regierungen als auch alle Mitmenschen gefragt.

Ich habe eine Dame gekannt, die mir von ihren Erinnerungen an den Zweiten Weltkrieg berichtet hat. Sie hat mir erzählt, dass ihre Familie damals eine große Fleischerei besaß. Beim Abwiegen zeigte die Waage immer ein Gewicht an, das etwas über dem des vermeintlich gewogenen Fleisches lag. Selbst die

Kunden, die das bemerkten, protestierten nicht, da sie froh waren, überhaupt Fleisch zu ergattern.

Die Familie verfügte auch über eine Großküche, die Kinder versorgte. In den dort gekochten Eintopf wanderten anstelle des vorgesehenen Fleisches nur Fleischabfälle. Das Fleisch selbst wurde dann an anderer Stelle teuer verkauft. Auf diese Weise erwirtschaftete sich die Fleischerfamilie ein beachtliches Vermögen. Doch die Dame konnte sich an dem Geld nie erfreuen und gab nicht viel davon aus. Denn sie lebte nach dem Krieg sehr isoliert und war sehr krank.

In Kriegszeiten war es für Menschen wie diese Dame und ihre Familie leicht, aus der Not anderer Kapital zu schlagen und sich beispielsweise auf Kosten armer Kinder zu bereichern.

Das, was da praktiziert wurde, war Betrug und letztlich Diebstahl an armen Kindern. Inmitten des Kriegsalltags hat niemand etwas davon bemerkt und es ist auch später nie jemand rechtlich dafür belangt worden.

Ich frage mich, warum Menschen Anderen so viel Unrecht antun.

Leider gibt es Menschen, die das Leid der Anderen ausnutzen, um sich selbst zu bereichern.

Die meisten Menschen essen sehr gerne und bei vielen von ihnen steht Fleisch mit auf dem Speiseplan. Ich habe selbst gerne Fleisch gegessen und bin auch heute nicht grundlegend gegen den Fleischverzehr. Aber ich frage mich, ob es nötig ist, Schafe, Schweine, Rinder, Hühner und andere Tiere so zu halten, wie sie gehalten werden. Sind sich alle Fleischesser darüber im Klaren, woher die Tiere stammen, die anteilig auf ihrem Teller landen? Wo sie gelebt haben? Und was sie gefressen haben?

Vielleicht kann ich ein paar dieser Fragen beantworten.

Ich fange mit der Kuh an. Kühe sind sehr gute Mütter, aber

das berücksichtigen die Menschen nicht. Wenn ein Kalb geboren wird, trennt man es meist sofort von seiner Mutter. Noch vor ihren Augen wird es gequält, indem man ihm ein Zeichen ins Ohr presst. Die Kuh kann nur hilflos dabei zusehen und ihrem Kind nicht zu Hilfe eilen.

Das arme Kalb muss von Beginn an ohne seine Mutter klarkommen. Wenn es ein weibliches Tier ist, hat es Glück gehabt und darf leben. Wenn es sich aber um ein männliches Kalb handelt, wird es anfangs wie Müll behandelt und dann rasch getötet.

Das mitzuerleben, wirkt sich natürlich auf die Kuh aus. Sie wird traurig und depressiv und das wiederum beeinflusst ihre Milch und ihr Fleisch.

Die weiblichen Kälber fristen ein anfangs ängstliches und später trauriges Dasein ohne ihre Mutter.

Dass sich das alles fortlaufend wiederholt, lässt erahnen, wie viel Angst und Traurigkeit sich über Generationen hinweg im Fleisch der Tiere, die wir heute essen, eingelagert hat.

Meistens werden Kühe, Schweine und andere »Nutztiere« in Stahlkäfigen, in die kein Sonnenstrahl fällt, wie in Gefängnissen gehalten. Auch diese Art der Haltung fördert Depressionen.

Und diese Depressionen führen dazu, dass die Menschen, die sich vom Fleisch der betroffenen Tiere ernähren, ebenfalls depressiv werden können.

Infolgedessen beginnen sie damit, Tabletten einzunehmen. Medikamente gegen Angst, Depressionen und depressive Verstimmungen verkaufen sich besonders gut.

Die Haltung der Tiere, die später auf unseren Tellern landen, gestaltet sich in den meisten Betrieben sehr traurig.

Sicher gibt es auch Bauern, die ihre Tiere artgerecht halten und sie im Sommer friedlich auf der Weide herumtollen lassen, aber sie bilden eine Minderheit.

Oft werden sogenannten »Nutztieren« so viele Antibiotika und weitere Mittel verabreicht, dass ihr Fleisch und ihr Blut und überhaupt alles an ihnen dauerhaft starke Medikamentenrückstände aufweist. Warum?

»Wenn ein Tier erkältet ist, werden alle Tiere behandelt«, erklärte mir ein Tierhalter einmal. Als Grund dafür führte er vor allem die hohen Tierarztkosten an, denen gegenüber die Kosten für Medizin gar nicht ins Gewicht fallen.

Diese Gewissenlosigkeit machte mich sprachlos!

Viele Menschen glauben, dass nur dann Krieg vorherrscht, wenn mit Bomben getötet wird.

Das mag früher gegolten haben, als nur mit eindeutig erkennbaren Waffen getötet wurde. Heute aber kommt fast das ganze Leben einem Krieg gleich. Es beginnt mit der Geburt und endet mit dem Tod. Allerdings wird heute mit subtileren Waffen gekämpft.

Unrecht kämpft gegen Recht. Die Menschheit befindet sich in einem dauerhaften Kampf, dessen Siegern Reichtum beschieden ist, während die Verlierer in Armut versinken. Der Weltmarkt gleicht einem Haifischbecken, in dem Geschäftsleute gegeneinander antreten. Nicht nur Staaten und Bündnispartner führen Krieg, sondern auch die Bürger von Staaten bekriegen sich gegenseitig. Hinzu kommen Wirtschaftskriege und Ausbeutung, Psychoterror, Kämpfe zwischen Gläubigen unterschiedlicher Religionen sowie viele weitere Kriegsherde und Quellen von menschengemachtem physischem und psychischem Leid.

Mit all dem hat es der Mensch geschafft, unsere schöne Welt, dieses Paradies, das Gott uns geschenkt hat, zur Hölle zu machen!

Warum müssen wir manchmal erfahren, dass jemand mit einer Pistole in eine Schule gegangen ist und Kinder getötet hat? Oder dass jemand mit einer kalten Waffe unschuldige Menschen auf der Straße überfällt und verletzt oder ermordet? Oder dass jemand ein Auto als Mordinstrument einsetzt, in eine Menschenmenge rast und versucht, so viele Personen wie möglich zu überfahren?

Natürlich gibt es große Unterschiede zwischen Terrorismus und Taten, die beispielsweise aufgrund von Krankheiten begangen werden.

Warum bloß?

Ich glaube, dass der Verzehr des Fleisches von den traurigen und depressiven Tieren, durch deren Adern zu Lebzeiten mit jedem Pulsschlag Angst gepumpt wird, eine Wirkung auf das Empfinden der Menschen ausübt.

Angst macht aggressiv. Wenn Menschen mit Angst in Berührung kommen, überträgt sich dieses Gefühl auf sie. Das kann dazu führen, dass sie für eine Sekunde die Kontrolle über sich verlieren und zu einer Waffe greifen. Denn mit einer Waffe in der Hand fühlen sie sich stärker. Und indem sie mit der Waffe dann Mitmenschen verletzen oder gar töten, versuchen sie nichts anderes, als ihre Angst zu beherrschen!

Den gleichen Effekt können elterliche Bestrafungen körperlicher, psychischer oder finanzieller Art nach sich ziehen. Oder auch Erniedrigung, Quälerei und Hänseleien durch andere Menschen wie etwa Mitschüler.

Eine ungesunde Lebensführung kann Aggression ebenfalls fördern.

Die meisten Leute kennen Stierkämpfe.

Ich selbst habe als Junge in Spanien einmal einen solchen Kampf gesehen. Stierkämpfe als »Sport« zu bezeichnen, halte ich seitdem für sehr abwegig.

Der arme Stier wird während eines solchen Kampfes in der Regel von mehreren Lanzen durchbohrt. Jede Bewegung verursacht ihm anschließend Schmerzen und multipliziert seine Qualen. Dem Stier muss es vorkommen, als ob die Serie der Angriffe auf ihn kontinuierlich fortgesetzt wird. Er kann die Gesamtsituation überhaupt nicht erfassen und ist schier überwältigt von Angst und Zorn. Wenn er nicht schon zuvor seinen Verletzungen erlegen ist, erhält er am Ende einen tödlichen Degenstoß und wird dann umgehend geschlachtet.

Angst und Rachegefühle haben sich in Form von Gift in sein Blut eingeschrieben und wurden mit jeden Herzschlag durch seinen Körper gepumpt. Doch obwohl sein Fleisch vollständig davon durchdrungen ist, wird es gegessen.

Dabei geht das Gift auf den Körper der Menschen über, die es verzehren.

Die Tiere sind ohnehin schon vergiftet. Umweltschäden, vergiftete Nahrung und die Verschmutzung des Trinkwassers haben ihre Spuren auch an den Lebewesen hinterlassen, die in der Natur leben.

Doch warum müssen wir das Leid der Tiere zusätzlich vergrößern? Warum tragen wir mit grausamen Traditionen wie dem Stierkampf weiter zu ihrer Vergiftung bei?

Mit der Jagd verhält es sich so ähnlich wie mit dem Stierkampf. Auch ein gejagtes Tier empfindet riesige Angst, steht unter größtmöglichem Stress und entwickelt Rachegelüste. Zusätzlich wird das Fleisch und das Blut von Tieren, die mit Gewehren erlegt werden, mit Blei vergiftet.

Jede Belastung des getöteten Tieres geht in das Blut desjenigen über, der es verzehrt. Und anschließend erfahren wir unter Umständen etwas darüber, dass erneut ein Mensch Unheil gestiftet hat.

Wenn eine Schlachtung koscher oder halal erfolgt, wie es die jüdische Religion und der Islam vorschreiben, wird das Fleisch des getöteten Tieres von Angst und Stress gereinigt.

Als ich im Januar 1954 nach Deutschland kam, lebten hier nur sehr wenige Ausländer. Vielleicht hat es damit zu tun, dass die meisten Deutschen sehr interessiert daran waren, Ausländer kennen zu lernen und viele Fragen stellten.

Erst Jahrzehnte nach dem Krieg setzte der Tourismus ein. Zuerst in Italien und dann in immer mehr europäischen Ländern. Schließlich begannen Reisende damit, die ganze Welt zu erkunden. Fernreisen nach Afrika oder Indien erfreuten sich rasch zunehmender Beliebtheit.

Touristen berichteten nach ihrer Rückkehr voller Staunen von großen Löchern, die sich die Menschen in bestimmten Regionen Afrikas mühevoll in Ohrläppchen und Unterlippe stachen, um dort später riesige Schmuckstücke tragen zu können. Der Lippenschmuck erinnerte an kleine Teller. Er wurde oft mit Halsschmuck kombiniert, der aus vielen Ringen bestand, die den Hals strecken und verlängern sollten. Große Beachtung fanden auch Gesichtsbemalungen und Frisuren sowie die Bekleidung der einheimischen Völker.

Reisende, die aus Indien kamen, erregten sich über die Nasenringe der Inderinnen. Und Neuseeland-Besucher äußerten ihr Missfallen über die Tätowierungen der Einheimischen auf der Insel.

Diese Tätowierungen haben eine lange Tradition und sind ein wichtiger Bestandteil der Kultur der neuseeländischen Urbevölkerung. Die Farben, die ursprünglich benutzt wurden, um sie zu stechen, waren rein pflanzlich.

Jahrzehnte später begannen die Menschen auf dem europäischen Kontinent damit, all das nachzuahmen, was den Touristen über lange Zeit hinweg sehr exotisch erschienen ist. Besonders Tätowierungen erfreuten sich nun großer Beliebtheit. Allerdings verwendeten die Europäer für ihre Tattoos oft giftige Farbstoffe und tun das noch heute. Viele dieser Stoffe sind krebserregend, wenn sie in den Körper gelangen. Das gilt ganz besonders für die Stoffe, die in roter Farbe enthalten sind.

In unserem Wasser, unserer Luft und unserer Nahrung lässt sich eine Vielzahl an krebserregenden Stoffen nachweisen. Deshalb ist es mir ein völliges Rätsel, wie man auf die Idee kommen kann, den Krebs freiwillig willkommen zu heißen und ihm freundlich Einlass zu gewähren, wenn er auf einer Tätowiernadel daherkommt.

Es ist fatal, wie viele Menschen in Deutschland tiefes Vertrauen in Medikamente setzen und alles mit Medizin behandeln wollen. Viele dieser Medikamentengläubigen haben sich so sehr an die Einnahme medizinischer Mittel gewöhnt, dass man sie als Süchtige bezeichnen kann.

Dabei wird für eine Genesung oft gar keine Medizin benötigt. Viele Krankheiten lassen sich durch Änderungen der Lebensweise oder Diäten viel effektiver behandeln als medikamentös. Das gilt beispielsweise für Magengeschwüre. Der Glaube an die Effektivität von Medikamenten hat allerdings so weite Kreise gezogen, dass ein Arzt Gefahr läuft, das Vertrauen der Patienten zu verlieren, wenn er kein Rezept ausstellt!

Es gibt einen Grundsatz der praktischen Ethik, der besagt, dass man andere so behandeln soll, wie man selber von ihnen behandelt werden möchte. Umgekehrt heißt das, dass man andere auch nicht so behandeln soll, wie man selber nicht behandelt werden möchte. Grundlos Medikamente einzunehmen, halte ich für schädlich. Darum habe ich in meinem Berufsleben keine überflüssige Medizin verschrieben und wurde von so manchem Patienten deshalb verlassen.

Ein weiteres Problem besteht darin, dass viele Menschen immer gleich alles, was wehtut, röntgen lassen möchten. Dadurch setzen sie sich ohne jeden Grund radioaktiver Strahlung aus. Denn eine Vielzahl der Befunde, die mittels Röntgen überprüft werden sollen, kann ein erfahrener Arzt allein schon durch das Abtasten eines Patienten treffen.

Das gilt allerdings nicht für Atemwegserkrankungen. Patienten mit Problemen an der Lunge habe ich immer direkt zum Röntgen geschickt, da dieses Organ verschiedene Krankheitsbilder aufweisen kann, die völlig unterschiedlich therapiert werden müssen. Zugunsten der Heilungschancen musste das Röntgen in solchen Fällen in Kauf genommen werden – auch wenn wir hier in Deutschland durch den Reaktorunfall in Tschernobyl wahrlich schon genug Radioaktivität abbekommen haben.

Aber warum sollten wir uns in anders gelagerten Fällen völlig unnötig weiterer radioaktiver Strahlung aussetzen und unseren Körpern damit zusätzlichen Schaden zufügen?

Nun möchte ich einen kleinen Schwenk zur Revolution machen.

Die Ursachen für die Revolution liegen meiner Meinung nach in der Unzufriedenheit.

Die Menschen waren unzufrieden mit der Staatsführung und den gesellschaftlichen und wirtschaftlichen Verhältnissen. Sie hatten die vorherrschende Ungerechtigkeit, Armut und Unterdrückung endgültig satt. Von einer Revolution erhofften sie sich einen neuen Führer, König oder Präsidenten, der die Dinge besser machen würde. Einen Staatsführer, der Verständnis für ihre Sorgen und Lösungen für ihre Probleme haben würde und den unteren Schichten mit Mitgefühl begegnete.

Aber eine Revolution erfüllt nicht immer alle Wünsche und schon gar nicht die von allen Menschen.

Letztlich verhielt es sich mit der Revolution wie mit einer Wassermelone: Erst das Anschneiden offenbarte, dass die Frucht noch nicht reif gewesen war.

Es ist auffällig, wie viel politische Akteure vor ihrem Machtantritt versprechen und wie schnell das alles in Vergessenheit gerät, wenn er vollzogen ist.

In Zusammenhang damit muss ich gelegentlich an ein Gespräch denken, das ich vor rund 60 Jahren einmal mit einem Hamburger geführt habe. Darin verglich mein Gesprächspartner Politiker mit den Tauben vor einem Rathaus, indem er ausführte: »Wenn sie unten sind, fressen sie uns aus der Hand. Und wenn sie oben sind, machen sie uns nicht selten auf den Kopf.«

Warum kam es in Persien zu der Revolution, die im Jahre 1979 zum Sturz der Regierung von Schah Mohammad Reza Pahlavi führte?

Meiner Meinung nach hat jede Ungerechtigkeit eine Reaktion zur Folge. Vielleicht würde es weniger Unrecht geben, wenn alle Menschen daran glauben würden.

Schon seit Langem litt die persische Bevölkerung unter Armut und Hunger. Die Kluft zwischen Arm und Reich war unglaublich groß.

Während die Armen um ihr Überleben kämpften, ließen es sich die reichen Leute gutgehen. Sie hatten alles: sehr gute Schulen, die allerdings mit hohen Nebenkosten einhergingen, und ausgezeichnete, aber teure Privatkliniken. (Für arme Menschen gab es städtische Krankenhäuser, deren Service schlecht und deren Klima von Unfreundlichkeit geprägt war.) Außerdem standen ihnen edle Boutiquen, luxuriöse Einkaufszentren, Kinos, Cabarets, Cafés und vieles mehr zur Verfügung.

Das gute Leben war ausschließlich jenen vorbehalten, die es sich leisten konnten. Wenn jemand Einwände dagegen erhob, riskierte er, den Rest seiner Tage im Gefängnis zu verbringen und dort misshandelt zu werden.

Der wichtigste Grund dafür, dass die Leute sich gegen den Schah wandten, bestand im Verbot der freien Meinungsäußerung.

Die Erwähnung der Armut, unter der die Bevölkerung litt, war ebenso streng verboten wie die Thematisierung von Regierungsfehlern oder gar Fehlern des Schahs. Wer gegen das Verbot verstieß und etwas sagte, wurde gefangengenommen und gefoltert.

Das soziale Gefälle hatte die Bevölkerung über lange Jahre hinweg zermürbt. Zu groß waren die Unterschiede zwischen Arm und Reich, die sich auf alle Lebensbereiche auswirkten. Sie kamen in der Schule ebenso zum Tragen wie an den Universitäten, am Arbeitsplatz oder in der Freizeit. Der Bildungsstand der Menschen nahm darauf keinen Einfluss. Viele gebildete Menschen wie etwa Lehrer lebten in ärmlichen Verhältnissen und waren ebenso großer Ungerechtigkeit ausgesetzt wie alle anderen Armen.

Ein alter Bekannter berichtete mir davon, wie sein Kind im damaligen Persien die Schlaftabletten der Mutter eingenommen hatte, weil es sie für Bonbons hielt.

Die von ihm geschluckte Tablettendosis war lebensbedrohlich und der Kleine beim Auffinden schon sehr schläfrig. Daraufhin nahm die Mutter ihr Kind auf den Arm und der Vater brachte die beiden mit dem Motorrad zum städtischen Krankenhaus.

Weil sie nicht gut gekleidet waren und dadurch wohl nicht zahlungskräftig genug aussahen, wurde ihnen von einem Krankenpfleger mitgeteilt, dass alle Klinikplätze bereits belegt waren.

Daraufhin wurde mein Bekannter sehr wütend. Und er sagte mit großem Ernst zu dem Pfleger: »Wenn mein Kind stirbt, bringe ich dich um.«

Vielleicht hat der Mann das tatsächlich geglaubt, vielleicht hatte er aber auch nur Mitleid; in jedem Fall erlaubte er der Familie, zu einem Arzt zu gehen. Dem Kleinen wurde der Magen ausgepumpt und er überlebte. Später traf mein Bekannter erneut auf jenen Krankenpfleger und der Mann fragte ihn, ob er ihn wirklich getötet hätte, wenn sein Kind gestorben wäre. Mein Bekannter antwortete: »Ich bin kein Mörder. Ihr Benehmen aber hätte sie selbst fast zu einem gemacht.«

Das ist nur ein kleines Beispiel.

Ein anderes besteht darin, dass an den meisten Donnerstagen abends im ärmeren Süden Teherans der Strom abgestellt wurde, damit den Reichen im gut situierten Norden der Stadt mehr Energie zur Verfügung stand, um ausgiebig zu feiern.

Es gibt sehr, sehr viele weitere und zum Teil noch drastischere Beispiele, die jene Ungerechtigkeit illustrieren, die Persien damals prägte.

Der Schah von Persien wollte sein Land modernisieren. Er investierte viel Mühe, um dieses Ziel zu erreichen und hat auch vieles bewegt. Doch seine Feindschaft gegenüber Dr. Mossadegh und dessen späteres Absetzen hat ihm sehr geschadet. Er hatte die Armut und die Armen vergessen. Außerdem hatte er in seiner Planung überhaupt nicht berücksichtigt, wie strenggläubig die meisten Perser sind.

Schaden erlitt das Ansehen des Schahs auch durch das Verbot der freien Meinungsäußerung und die strenge Bestrafung von kritischen Äußerungen gegenüber der persischen Regierungspolitik.

Die persische Bevölkerung konnte die Zustände in ihrem Land nicht länger ertragen und suchte nach einem Weg, um sich davon zu befreien. Dabei wuchs der Wunsch nach einem Staatsführer, der ein offenes Ohr für die Sorgen des Volkes hatte und sie ernst nahm.

Das ließ sich vom Schah leider nicht behaupten. Dieser stand seinem Volk nicht nah und schenkte ihm insgesamt und den Armen insbesondere keine Beachtung.

Seine Frau Farah Pahlavi, geborene Farah Diba, war sehr gebildet. Sie hat viel für Persien und besonders für die persische Kunst erreicht.

In ihre Zeit fiel auch die Einrichtung vieler Bibliotheken. Sie ließ Bücher für Kinder drucken und wunderschöne Parks in den Städten anlegen. Außerdem förderte sie den Bau von Schulen sowie medizinischen Einrichtungen für psychisch kranke Kinder und ließ in Teheran ein Waisenhaus und vieles andere errichten.

Doch leider hat auch sie die armen Menschen vergessen, die auf den Straßen an Hunger und Kälte starben.

Denn leider beschränkten sich die guten Taten von Farah Pahlavi auf Teheran und ein paar wenige andere große Städte. Andere Städte, Kleinstädte und vor allem die Dörfer fanden in der Regel keine Beachtung.

Zwar versuchte Schah Mohammad Reza Pahlavi, wie sein Vater zu sein, aber ihm mangelte es an Wissen und Können.

Als sehr junger Schah besuchte er gelegentlich Fabriken und Schulen, um Kontakt mit seinem Volk aufzunehmen. Sein Interesse war allerdings nicht sonderlich groß und so blieb es bei wenigen Versuchen. Was die Bevölkerung bewegte und unter welchen Problemen sie litt, hat er sich nie wirklich angehört.

Und je älter er wurde, desto weiter entfernte er sich von seinem Volk. Volkskontakt avancierte zu einer reinen Pflichtübung.

Selbst das Programm der sogenannten »Weißen Revolution« brachte der Schah im Jahr 1963 angeblich nur auf den Weg, um sich vor dem Volkszorn zu schützen. Die Umsetzung der darin vorgesehenen sozialen Maßnahmen sollte die Menschen glücklicher und zufriedener machen und sie der Staatsführung gegenüber milder stimmen. Doch das genaue Gegenteil war der Fall.

Nach der »Weißen Revolution« sind beispielsweise die Preise für die Ländereien von Bauern gestiegen. Deshalb haben viele Landwirte in der Folgezeit ihr Land verkauft und sind in die großen Städte gezogen, wo sie Häuser gebaut und große Autos gekauft haben.

Das wiederum führte dazu, dass die Bauern in den ländlichen Regionen keine Abnehmer mehr fanden und ihre Höfe aufgeben mussten, um selbst in die Städte zu ziehen. Dort waren sie dann darauf angewiesen, jede Arbeit zu jeder Bezahlung anzunehmen, um zu überleben. Die Mehrheit von ihnen hatte es sehr schwer und litt unter großer Armut.

Die Entwicklung beschädigte die persische Landwirtschaft so nachhaltig, dass ihre Auswirkungen bis heute spürbar sind.

Die Unzufriedenheit nahm zu und die Menschen wurden immer aufgebrachter.

Ihnen war klar geworden, dass die Führungsriege immer reicher und reicher wurde, während sie selbst unter zunehmender Not litten. Der Schah wusste das alles, reagierte aber nicht. Seine Absetzung war deshalb nahezu unausweichlich.

Der Schah wirkte dem nicht entgegen, sondern gab dem Volkszorn zusätzlichen Auftrieb, indem er Unsummen in die Feierlichkeiten zu Ehren der 2500-jährigen Geschichte des persischen Kaiserreichs investierte.

Diese Feierlichkeiten bildeten den Höhepunkt der Geldverschwendung durch Schah Mohammad Reza Pahlavi und schienen gleichsam die notleidenden Menschen zu verhöhnen.

Von deutscher Seite aus wurde damals scharfe Kritik an den Ausgaben geübt, die der innerstaatlichen Situation völlig unangemessen schienen. Der damalige deutsche Bundespräsident Gustav Heinemann war daran nicht beteiligt.

Während die Herrschaft sich selbst feierte, konnten sich die Angehörigen des Volkes beispielsweise noch immer keine Schuhe leisten. Viele Kinder und auch Erwachsene mussten deshalb im Sommer barfuß über die heißen Straßen und im Winter ebenso durch den kalten Schnee laufen.

Meiner Meinung nach markieren die Feierlichkeiten zum Jubiläum des Kaiserreichs und die damit einhergehende, offensichtliche Verschwendung den Beginn der großen Opposition gegen den Schah und seine Regierung.

Ich habe bis ins Teenager-Alter hinein in Teheran gelebt und bin deshalb mit dem damaligen Leben in Persien gut vertraut.

Nachdem ich das Land verlassen hatte, haben mich Verwandte und Freunde von dort weiter auf dem Laufenden gehalten. Zusätzlich habe ich natürlich immer die Nachrichten gehört, Zeitung gelesen und mich mit Büchern über die Entwicklungen in der Weltpolitik informiert.

Das, was ich dabei über Persien erfahren habe, ließ keinen Zweifel daran, dass der Schah in seiner Regierungszeit viele Fehler gemacht hat.

Der Iran war und ist ein islamisches Land mit einer stark religiösen Bevölkerung. Was das genau bedeutete, hat der Schah schlichtweg nicht hinreichend berücksichtigt. Kulturelles und glaubensbedingtes Zögern war mit seinen ungeduldigen Modernisierungsplänen nicht vereinbar.

So ließ er Schulen errichten, sorgte jedoch nicht dafür, Jungen und Mädchen getrennt zu unterrichten. Mit dieser Art des unsensiblen Vorgehens verunsicherte er die stark religiöse Bevölkerung sehr. Viele Gläubige schickten ihre Töchter deshalb nicht zur Schule.

Unter Schah Mohammad Reza Pahlavi wurden im Iran auch immer mehr Softpornos produziert und gezeigt.

Die Konfrontation mit Sexfilmen verletzte die Gefühle der gläubigen Menschen zutiefst und war völlig inakzeptabel. Und so trug auch das Erstarken der Pornoindustrie ihren Teil dazu bei, dass sich zunehmende Unruhe im Land ausbreitete.

Hinzu kamen die Probleme, die sich aus der Eröffnung von Einrichtungen wie Spielcasinos und öffentlichen Ausschankplätzen für Alkohol ergeben hatten. (Wie moderne islamische Staaten das Aufkommen solcher Probleme einzudämmen versuchen, habe ich in Malaysia selbst erlebt. Dort ist Alkoholkonsum streng verboten. Nur in Hotels dürfen alkoholische Getränke ausgeschenkt werden und das auch nur an Hotelgäste.)

Immer mehr Menschen wandten sich gegen den Schah und die Zahl der Streiks und Fälle von Ungehorsam und Widerstand nahm stetig zu. Schließlich kam es in mehreren Städten zu Aufständen. Doch selbst in Anbetracht dessen erkannte der Schah den Ernst der Lage für seine Regierung noch nicht.

Die ausbleibende Reaktion des Staatsführers förderte die Unruhe in der Bevölkerung und steigerte den Umfang und die Anzahl der Protestaktionen weiter. Je ignoranter sich der Schah verhielt, desto wütender machte das Volk auf seine Situation aufmerksam.

Schließlich begann das Militär damit, die Aufstände niederzuschlagen, und es gab viele Tote. Dadurch erhielten die Aufständischen immer größeren Zulauf und der Volkszorn begann sich in einer Weise zu entladen, der kein Einhalt mehr geboten werden konnte.

Nun verstand der Schah, dass er Kontakt zu seinem Volk aufnehmen musste. Und das tat er auch: Er sprach mit den Menschen und versuchte, sie zu beruhigen, indem er ihnen versprach, ihre Probleme zu berücksichtigen und ihre Wünsche umzusetzen.

Er ließ den Posten des Regierungschefs neu besetzen und wechselte die Militärführung aus. Denn die an unbewaffneten Demonstranten verübten Gräueltaten hatten dem Militär den Ruf einer Tötungsmaschinerie eingebracht.

Doch an den neuen Militärs war die Situation im Land nicht spurlos vorbeigegangen. Auch sie waren müde geworden und wandten sich schon bald gegen den Schah.

Da realisierte Schah Mohammad Reza Pahlavi, dass seine Chance vertan war. Im Januar 1979 verließ er gemeinsam mit seiner Familie den Iran.

Es war auch höchste Zeit geworden – schon wenige Tage später wäre es für ihn vermutlich unmöglich gewesen, auszureisen.

Mit der Ausreise des Schahs fand die Revolution ein erfolgreiches Ende und die Regierung wurde abgesetzt. Anfangs hofften einige Regierungsmitglieder noch, der Schah würde zurückkommen. Doch letztlich wurden die meisten Regierungsangehörigen, d.h. die Minister und die Militärführung, schon bald verhaftet. Zu jenen, die bis zuletzt auf die Rückkehr des Schahs gezählt hatten und verhaftet wurden, gehört beispielsweise Ministerpräsident Hoveyda, der am 9. April 1979 hingerichtet wurde.

Die meisten Anhänger von Mohammad Reza Schah waren Reiche und Superreiche. Diese Menschen haben den Iran schon lange vor ihm verlassen und ihn letztlich dadurch verraten!

Ich lebte in dieser Zeit bereits in Deutschland und verfolgte die Nachrichten.

Die Perser hofften, dass der politische Neubeginn ihnen eine Staatsführung bringen würde, die alles zum Besseren wenden konnte. Sie glaubten, einer Zukunft entgegenzusehen, in der die Mächtigen ihre Sorgen endlich ernst nahmen und gegen die Ungerechtigkeit vorgingen.

Es kam zu einem Referendum, in dem das Volk für die Islamische Republik stimmte. Die Ära der Monarchie war damit beendet. Die Unruhe im Land hielt allerdings noch eine Weile an.

Es sollte lange dauern, bis die neue Regierung ihre Macht gefestigt hatte und das Land vorerst zur Ruhe kam.

Erst nach und nach wurden alle Streiks beendet und die Fabriken und Schulen wieder in Betrieb genommen.

Im Vorfeld der Revolution waren unterschiedliche oppositionelle Strömungen in dem Bestreben vereint gewesen, den Schah zu stürzen. Der anschließende Kampf um die Macht hatte jedoch die Unterschiede zwischen ihnen offenbart.

Hinzu kommt, das jede Revolution auch Gegner hat. Diejenigen unter diesen Gegnern, die das Land nicht verlassen hatten, versuchten die innerstaatliche Unruhe weiterzuschüren, indem sie Feuer legten, Terroranschläge verübten und Straßenkämpfe anzettelten.

Als besonders gefährlich erwies sich die religiös motivierte Feindschaft zwischen Schiiten und Sunniten. Eine Eskalation des Kampfes zwischen den beiden islamischen Konfessionen konnte jedoch gerade noch verhindert werden und beide lebten fortan friedlich nebeneinander.

Im Zuge der Zeit verließen zahlreiche Regierungsgegner das Land als Flüchtlinge oder Auswanderer. Unter ihnen befanden sich viele gebildete Menschen. Ihr Fortgang bedeutete einen großen Verlust für das Land und hat ihm meines Erachtens auch finanziell sehr geschadet.

Ich habe oft erlebt, wie Perser, die im Ausland leben, die persische Regierung kritisiert oder sogar an Demonstrationen teilgenommen haben. Dabei habe ich mich gelegentlich gefragt, warum so mancher von ihnen, der immer wieder betont, wie sehr er Persien und die Perser liebt, nicht einfach dort geblieben ist und gekämpft hat.

Warum haben diese Menschen den Persern in Persien nicht geholfen, sondern sie allein gelassen und nur sich selbst gerettet?

Einige dieser Leute fahren sogar alljährlich in den Iran, bleiben dort für einige Wochen und genießen die touristischen Vorteile.

In Persien loben sie Persien sehr. Anschließend fahren sie zurück nach Europa und sprechen wieder schlecht über Persien und seine Regierung. Warum sind sie nicht konsequent und bleiben einfach im Iran, um dort etwas zu verändern?

Nach dem Referendum, das Persien in eine Islamische Republik umformte, fühlten sich manche Andersgläubige nicht mehr sicher und verließen das Land.

Auch unter ihnen befanden sich gebildete und wohlhabende Menschen, deren Verlust Persien nicht nur rein wirtschaftlich ärmer machte.

Heutzutage pflegen die Angehörigen aller religiösen Minderheiten im Iran gute Beziehungen zueinander. Feste aller Glaubensrichtungen können unbeeinträchtigt gefeiert werden und jede Religion stellt einen eigenen Parlamentsabgeordneten.

Vor dem Islam war der Zoroastrismus die größte Religion Persiens. Heute leben nur noch ca. 20.000 Zoroastrier im Iran, doch in Yazd brennt weiterhin die heilige Flamme im Feuertempel, der als eine der Hauptpilgerstätten des Zoroastrismus gilt.

Dem Tempel habe ich selbst vor einigen Jahren einen Besuch abgestattet.

Der Islam kam mit den Arabern, die das Perserreich im Zuge der islamischen Expansion ab dem Jahr 628 eroberten. Dabei wurden viele Kulturstätten vernichtet, Bibliotheken niedergebrannt und unzählige Menschen getötet.

Bis zum Jahr 900 setzte sich der Islam als Religion in der persischen Bevölkerung durch, weil er für Gleichheit und Brüderlichkeit stand. Bis heute sind die meisten Perser gläubige Moslems.

Was über die Jahrhunderte hinweg erhalten geblieben ist, ist die persische Sprache. Großen Anteil daran hat der persische Dichter Firdousi, der in 30-jähriger Arbeit das Monumentalwerk »Schāhnāme« verfasste. Das im Deutschen als »Buch der Könige« bekannte Werk, das rund 60.000 Verse umfasst, gilt nicht nur als Nationalepos der persischsprachigen Welt, sondern als das größte Epos eines Einzeldichters weltweit.

Im Jahre 1979 ging Persien sehr geschwächt aus der Revolution hervor. Es gab große finanzielle Probleme. Nicht zuletzt, weil viele finanzkräftige Perser das Land verlassen hatten.

Dass es in dieser Situation zum Krieg mit dem Irak kam, war eine Katastrophe für den Iran.

1979 hatte Saddam Hussein im Irak die diktatorische Herrschaft übernommen. Im Jahr 1980 ließ er irakische Kräfte in den Iran einmarschieren, die einen Teil der persischen Grenzstädte besetzten. Im Verlauf der nächsten acht Jahre eroberte Persien diese Städte zurück.

In diesem Krieg, der als Erster Golfkrieg in die Geschichtsbücher einging, kämpften zwei islamische Staaten gegeneinander – der Iran und der Irak. Der Krieg forderte Hunderttausende Menschenleben auf beiden Seiten. Unter ihnen befanden sich Angehörige vieler Religionen. Da beide Länder muslimisch waren, waren auch die meisten Opfer Moslems, doch letztlich traf der Krieg alle. Besonders im Iran, wo mehr Christen, Juden, Zoroastrier und Angehörige anderer Glaubensgemeinschaften leben als im Irak, starben viele Andersgläubige.

Und der Krieg beließ es nicht bei Todesopfern und Verletzten, sondern machte zudem unzählige Menschen heimatlos und schwächte die Wirtschaft beider Staaten empfindlich.

Im Sommer 1988 endeten die Kämpfe schließlich mit einem Waffenstillstandsabkommen.

Wie in jedem Krieg wurden auch in diesem Konflikt Waffen eingesetzt. Die Geschäfte mit jeglicher Art von Kriegsgerät florierten – angefangen bei Pistolen über Gewehre und Maschinenpistolen bis hin zu Bomben und Panzern!

Der Krieg wich – wie die meisten Kriege zwischen Staaten – später dem Frieden. Die Menschen haben mit dem Wiederaufbau von Häusern und Straßen begonnen. Dadurch blühte der Handel mit Baumaschinen und Baustoffen wie Stein, Zement, Eisen, Glas und Mörtel.

Irgendjemand profitiert immer vom Krieg. Letztlich geht es also immer nur ums Geld!

Nach dem Krieg arbeiteten die Perser hart daran, ihr Land mit der Unterstützung ihrer Regierung wieder aufzubauen und voranzubringen.

In dieser Zeit entstanden viele Fabriken und es kam zur Eröffnung von neuen Universitäten, Krankenhäusern, einer Vielzahl von Schulen, Cafés, Parkanlagen, Restaurants, Supermärkten, Kaufhäusern und beispielsweise Hotels. Nach und nach wurde eine neue Infrastruktur geschaffen, die jene der Vorkriegszeit noch übertraf.

Die meisten Dörfer wurden ans Stromnetz angeschlossen und mit Wasser- und Gasleitungen sowie Telefon ausgestattet. Das Straßennetz wurde ausgebaut und verbessert und Norden und Süden sowie Osten und Westen waren fortan durch Autobahnen verbunden, die über drei und zum Teil sogar vier Spuren verfügten.

Der Einsatz von großen, eleganten Autobussen und die Einbindung aller großen Städte an das Eisenbahnnetz erleichterten das Reisen zusätzlich.

Mit der Eröffnung der Teheraner U-Bahn war Unmögliches möglich geworden. Fortan verkehrten schicke Züge auf den gut ausgebauten Strecken.

Die Menschen konnten elegante Wohnungen mit sehr guten Standards beziehen und die meisten Autos, die man im Stadtbild entdecken konnte, sahen neuwertig aus.

Innerhalb von kürzester Zeit wurden in allen Großstädten Taxistände und Busbahnhöfe für den Fernbusverkehr errichtet.

In dieser Zeit bin ich in den Iran gereist. Persien hatte sich so verändert, dass ich es kaum hätte glauben können, wenn ich es nicht mit eigenen Augen gesehen hätte. Besonders die großen Städte waren kaum wiederzuerkennen! Allen voran Teheran, aber auch Täbris, Isfahan, Schiras, Maschhad, Kerman, Yazd, Kashan und die Hafenstadt Bandar Abbas, Hamadan sowie nordpersische Städte wie Rascht, Ramsar, Lahidschan, Bandar Anzali (das frühere Bandar-i Pahlavi) oder die Inseln Queschm und Kisch waren wie verwandelt!

Natürlich war Teheran als Landeshauptstadt besonders schön angelegt worden. Es war modern und mit vielen Brücken und

Autobahnanschlüssen sehr gut mit den anderen Landesteilen vernetzt.

Obwohl die Grundstückspreise in Teheran unglaublich hoch lagen und das Wasser knapp war, hatten sich die Verantwortlichen entschieden, das Stadtbild mit zahlreichen Erholungsparks aufzulockern und entlang von Autobahnen und vielen Straßen Grünflächen anlegen zu lassen.

In den meisten persischen Städten gibt es Synagogen, Kirchen und viele Moscheen. Den Gläubigen des Zoroastrismus steht ewiges Feuer zur Verfügung und alle Religionen sind im Parlament vertreten.

Obwohl der Iran eine Islamische Republik ist, leben strenggläubige Muslime dort glücklicherweise friedlich mit den Angehörigen der Religionsminderheiten zusammen. Andere Religionen werden geachtet.

Allem Fortschritt zum Trotz kämpft allerdings auch der Iran mit großen Problemen, unter denen sowohl die Gesellschaft als Ganzes als auch die einzelnen Menschen zu leiden haben.

Besonders Suchterkrankungen stellen im Iran ein großes Problem mit katastrophalen Auswirkungen dar, von dem nicht nur Jugendliche, sondern ganze Familien betroffen sind.

Obwohl Persien schon lange versucht, dieses Problem einzudämmen, steigt die Zahl der Süchtigen stetig an.

Aufklärung und Präventionsarbeit machen unglaubliche Fortschritte – das ändert jedoch kaum etwas daran, dass ein zunehmendes Maß von Angehörigen aller Gruppen der Gesellschaft betroffen ist. Unter den Süchtigen finden sich wenig gebildete neben hochgebildeten Menschen und Arme wie Reiche. Vermutlich werden Drogen anfangs oft aus reinem Vergnügen eingenommen. Mögliche Folgen werden dabei wohl verdrängt oder schlichtweg vergessen.

Ein anderes Problem, unter dem die persische Bevölkerung leidet, sind die enormen Preissteigerungen. Die Preise für Kleidung, Miete oder Ankauf von Wohnungen, aber auch jene für Lebensmittel erreichen zum Teil schwindelerregende Höhen.

Einmal habe ich einen Film gesehen, in dem die Lage der persischen Lehrer in jener Zeit thematisiert wurde. Gezeigt wurde ein Schüler, der einen Tag lang dem Unterricht fern blieb. Am Folgetag wurde er vom Lehrer bestraft. Später erfährt der Lehrer jedoch, dass der Junge zu Hause bleiben musste, weil seine Mutter seine einzige Hose gewaschen hatte und diese noch viel zu nass war, um sie anzuziehen.

Dann kommt der Tag, an dem der Lehrer selbst fehlt. Während die Schüler vom Direktor erzählt bekommen, dass er krank ist, wird der Zuschauer Zeuge von etwas ganz anderem: Er sieht den Lehrer auf den Stufen einer Treppe sitzen. Seine Beine sind dabei in eine Decke gehüllt und er liest in einem Buch. Im Hintergrund sieht man seine Hose trocknen. Sofort ist klar – auch der Lehrer besitzt nur eine einzige Hose!

Ich habe diesen Film vor Jahrzehnten gesehen und weiß nicht, ob er vor oder nach der Revolution entstanden ist.

In jedem Fall zeigt er die Armut, die es damals gab und heute noch gibt. Diese Armut existiert sogar in reichen Ländern wie Deutschland. Und es gibt sie auch in Ländern wie den Vereinigten Staaten von Amerika, die besonders mächtig und stolz auf ihren Reichtum sind. Auch dort gibt es Menschen, die auf der Straße leben und im Sommer unter Brücken und im Winter in den Kellern von Hochhäusern schlafen.

Dort sterben sie auch – oft, ohne dass jemand weiß, wer sie sind und von wo sie kamen. Nicht selten verschwinden sie, ohne Spuren zu hinterlassen: ihre Körper zersetzen sich und das, was davon übrig ist, wird von den Ratten gefressen.

Oft reichen die Gehälter zum Leben nicht aus. Berufstätige sind deshalb nicht selten gezwungen, einer Zweitbeschäftigung nachzugehen.

Zwar sind die meisten Arbeiter und Angestellten im Iran krankenversichert, das heißt allerdings nicht, dass sie im Krankheitsfall auch behandelt werden. Oft akzeptieren die Krankenhäuser nachgewiesene Versicherungsverhältnisse nicht und zwingen Patienten, große Geldmengen in ihre Klinikkassen einzuzahlen, ehe sie sie behandeln!

Wenn ein Patient geheilt wird und am Leben bleibt, kann er nach seiner Entlassung etwas mehr als die Hälfte der einbehaltenen Geldmenge zurückbekommen. Zwar haben die Erben dann ein Anrecht auf eine Teilerstattung durch die Krankenkasse, müssen jedoch extrem viel Mühe aufwenden und lange Zeit warten, ehe sie ausgezahlt wird.

Wenn ein Bürger ein Anliegen an eine Regierungsbehörde hat, muss er unabhängig davon, ob er ein Problem oder nur eine kleine Frage hat, damit rechnen, mehrere Tage oder gar Wochen mit Laufereien zu verbringen. In der Regel wird er nicht ernst genommen und nicht respektiert. Jede Kleinigkeit nimmt sehr viel Zeit in Anspruch. Deshalb kommt es in den staatlichen Behörden oft zu Auseinandersetzungen und Problemen, die leider nicht selten mithilfe von Beziehungen gelöst werden. Dabei liegt es meist nur an der Erziehung der Beamten und Angestellten, wenn sie unhöflich sind und die Menschen ärgern und quälen und ihre Arbeit nicht erledigen.

Ein großes Problem ist die Arbeitslosigkeit, die junge Menschen in Anbetracht der Preissteigerungen zu Drogen greifen lassen, krank machen oder gar in den Selbstmord treiben kann.

Zwar gibt es in Persien überdurchschnittlich viele Hochschulabsolventen, aber Bildung nützt den jungen Menschen wenig, wenn keine Arbeitsplätze zur Verfügung stehen und das Preisniveau insgesamt sehr hoch liegt.

In Persien können reiche Menschen ein sehr komfortables Luxusleben genießen, aber Angehörige der Mittelschicht und Menschen mit geringem Einkommen haben es leider sehr schwer. Obwohl Persien ein reiches Land ist, das über Öl, Gas und Ressourcen wie Uran und Gold verfügt, leben die meisten Menschen dort leider in Armut.

Hinzu kommt, dass in Persien Millionen von Geflüchteten leben.

In Persien werden die Menschen kaum über die fortschreitende Umweltverschmutzung informiert. Vielleicht sind sie auch einfach deshalb nicht so stark an Umweltthemen interessiert, weil sie mit so vielen Problemen kämpfen müssen, dass ihnen keine Zeit bleibt, um sich mit den Folgen von Plastikproduktion und Umweltschäden zu beschäftigen.

Einmal sind wir in Teheran zur Niederlassung einer großen Handelskette gefahren.

Ab jenem Tag mussten Kunden einen kleinen Geldbetrag für jede Plastiktüte entrichten.

Die Menschen waren deshalb sehr erbost und beschwerten sich darüber, dass sie für eine Sache, die sie wegwerfen würden, Geld bezahlen sollten. Bei der Neuerung ging es allerdings nicht um Profit, sondern um Umweltschutz.

Doch vielleicht hatte man versäumt, die Kundschaft darüber zu informieren, warum die Tüten von diesem Tag an berechnet wurden? Letztlich dauerte es nur zwei oder drei Tage, bis die Tüten wieder kostenlos verteilt wurden.

Obwohl es in Persien erschreckend viele Arme und Hungernde gibt, werden leider unglaublich viele Lebensmittel weggeworfen.

Die Müllabfuhr muss zwei- bis dreimal täglich kommen, um all den Müll wegzutransportieren!

Bei jeder großen und kleinen Feier, das heißt bei jeder Hochzeit und Beerdigung, bei jedem Familientreffen und jedem Geburtstagsfest werden große Teller voller Nahrung unangetastet entsorgt.

Restaurants kippen halbe Portionen in den Müll. Und nicht selten stehen Hungernde vor den Schaufenstern und werden Zeuge.

Es ist klar, dass die notleidenden Menschen sich verlassen fühlen und wütend werden.

Die Speisen, die in Persien leider weggeworfen und später auf die Müllkippen transportiert werden, wo sie dazu beitragen, Umwelt und Luft zu verschmutzen, könnten weit über die Hälfte der Hungernden im Iran satt machen.

Ein weiteres Problem, das in der Zukunft Persiens zunehmend zum Tragen kommen wird, ist das Bevölkerungswachstum, das über dem Durchschnitt vieler anderer Nationen angesiedelt ist.

Jede Revolution hat Befürworter und Gegner. Kriege haben Gewinner und Verlierer. Es wird nie »die eine Lösung für alle« geben.

Einmal habe ich mich mit einem Lehrer unterhalten, der im Süden Teherans, wo der ärmere Teil der Bevölkerung lebt, arbeitete. Er erzählte mir, dass er die Schüler, die zu spät kamen oder ihre Schularbeiten nicht vollständig erledigt hatten, mit Ohrfeigen oder Schlägen bestrafte.

Als ich mich schockiert darüber zeigte, dass Kinder im 21. Jahrhundert noch immer körperlich gemaßregelt wurden, berichtete er ganz unverfroren, dass er nicht der einziger Lehrer in seinem Kollegium war, der Kinder schlug.

Er hatte völlig übersehen, dass Kinder, die aus armen Verhältnissen stammen, mit vielen Problemen kämpfen müssen. Ein Autobus kann zu spät kommen oder es kann Schnee liegen, der schnelles Laufen verhindert. Die Liste möglicher Probleme, mit denen von Armut betroffene Kinder ringen, ist lang.

Warum werden überhaupt Kinder geschlagen, ohne dass jemand die Verantwortung dafür übernehmen muss? Warum werden die Schulen in Persien nicht kontrolliert?

Die Lehrer dort sind in der Regel auch arm, kämpfen mit den gleichen Problemen und kommen manchmal selbst zu spät.

Obwohl Persien mit vielen Schwierigkeiten zu kämpfen hat und noch viel Leid besiegen muss, kommen von dort auch viele gute Nachrichten und Erfolgsmeldungen.

Internationale Erfolge konnte der Iran zuletzt im Sport, in der Kunst, in Technologie und Wissenschaft sowie im Filmbereich verbuchen. Ein Beispiel für Letzteres bilden die Filmfestspiele in Cannes des Jahres 2016, bei denen ein persischer Film gleich zwei Goldene Palmen gewann.

Manche Menschen staunen, wenn persische Sportlerinnen mit traditionell religiöser Kleidung erscheinen.

Der Iran hat eine 2500 Jahre zurückreichende Kultur. Die Bräuche, die sich im Laufe all dieser Jahre entwickelt haben, sind tief in der Gesellschaft verankert und können nicht von einem auf den anderen Tag abgeschafft werden. Das gilt auch für die Feste, zu denen etwa das als Nouruz-Feier bekannte Neujahrs- oder Frühjahrsfest und die Feierlichkeiten zum letzten Mittwoch des Jahres (Chaharshanbeh Suri, das Feuerfest) und zur letzten Herbstnacht (Shabe Yalda) zählen.

Der Iran ist seit 1400 Jahren ein islamisches Land, aus dem man die islamischen Bräuche nicht einfach herausradieren kann. Dazu zählt auch, dass Frauen es gewöhnt sind, einen

Schleier zu tragen. Auch die Körperbedeckung von Männern ist vorgegeben.

So werden im Iran dessen 2500-jährige Kultur und die 1400 Jahre alte islamische Kultur des Landes gemeinsam bewahrt.

Wie wir heute wissen, markiert der Tod von Marschall Tito einen Wendepunkt in der Geschichte Jugoslawiens. Im Jahr 1992 war die föderative Republik Jugoslawien endgültig zerbrochen. Die einzelnen Teile der vormaligen Republik, in denen unterschiedliche Sprachen gesprochen wurden, erhielten ihre Unabhängigkeit und unterstanden fortan eigenständigen Regierungen.

Doch obwohl Bosnien-Herzegowina seine Unabhängigkeit erlangt hatte, kam es nicht zur Ruhe, sondern wurde von blutigen Auseinandersetzungen zwischen Volks- und Religionsgemeinschaften erschüttert. Serbien griff die Moslemgebiete an und es kam zu Massenmorden, die anfangs primär von Christen verübt wurden. In der Folgezeit bekämpften sich serbische, kroatische und bosnischen Einheiten über drei Jahre hinweg in der Region. Hunderttausende Menschen wurden dabei ermordet. Insbesondere Moslems wurden einzeln oder in Gruppen exekutiert. Frauen wurden vergewaltigt und Kinder verhungerten. Die Straßen wurden Schauplätze von Massenmorden und Insassen von Gefängnissen wurden vergewaltigt und getötet, indem man sie ohne Nahrung ihrem Schicksal überließ. Viele Menschen waren so abgemagert, wie die notleidende Bevölkerung in afrikanischen Krisengebieten! Dieser Krieg tötete langsam und qualvoll!

Viele Jahre zuvor hatte mir ein Patient in meiner Praxis erzählt, dass Jugoslawien nach Titos Tod zersplittern würde. Ich konnte mir das damals nicht vorstellen – aber es zeigte sich, dass er Recht behalten sollte.

Obwohl bekannt war, dass Verbrechen und Mord in der Region an der Tagesordnung waren, wurde vonseiten der Weltpolitik und durch die Weltöffentlichkeit kaum reagiert. Kein Staat, keine Gruppierung und keine Organisation wurde aktiv. Es wurde viel gesprochen und diskutiert, aber nicht geholfen!

Die ganze Welt verschloss die Augen vor dem Grauen dieses Krieges. Zwar wurde in den Nachrichten über das Kriegsgeschehen berichtet, aber niemand griff ein.

Warum ließ man all die Morde und Gewalttaten geschehen? Und warum wurde niemand dafür bestraft?

Einen anderen Kriegsschauplatz bildete Afghanistan. Im internationalen Vergleich gilt Afghanistan als rückständiges Land mit einer armen und sehr religiösen Bevölkerung. 1979 kam es in diesem Land zu einer Invasion durch die Sowjetunion, die einen zehn Jahre währenden Kampf zwischen der sowjetisch gestützten Zentralregierung und Widerstandsgruppen der Mudschaheddin nach sich zog.

Natürlich gab es viele Tote.

Afghanistan war und ist sehr geschwächt. Dennoch leisteten Teile der Bevölkerung derart zähen Widerstand, dass die russischen Besatzer ihre Truppen im Frühjahr 1989 endgültig abzogen.

In der Folgezeit kam es zu einem Bürgerkrieg, aus dem 1996 die Taliban als neue Machthaber hervorgingen.

Diese neuen Machthaber bezeichneten sich selbst als strenggläubige Moslems.

Sie haben es zu verantworten, dass Teile des Weltkulturerbes in Afghanistan zerstört wurden. Diese zerstörten Kulturschätze sind unersetzlich und können weder in gleicher Form reproduziert noch restauriert werden.

Unter den neuen Herrschern konnte es passieren, dass ein Mann, der ein kurzärmliges Hemd angezogen oder unwissentlich Teile seiner Unterschenkel entblößt hatte, dafür mit seinem Leben bezahlte. Erwiesen sich die Taliban gnädig, erhielt er unter Umständen »nur« Peitschenhiebe. Ursprünglich waren die Taliban nach Afghanistan gekommen, um gegen die sowjetischen Kräfte zu kämpfen, quälten und töteten dann aber vor allem Afghanen.

Aus den nichtigsten Gründen heraus ließen sie Frauen auf öffentlichen Plätzen auspeitschen. Dieses Vorgehen diente vor allem der Abschreckung. Es sollte die Bevölkerung in Angst versetzen und gefügig machen.

Ich wundere mich sehr darüber, wie die Taliban ausgerechnet in einem Land, in dem so viele strenggläubige Moslems leben wie in Afghanistan, so viele Menschen im Namen des Islam quälen und ermorden konnten!

In jedem Fall ist dem afghanischen Volk sehr viel Unrecht widerfahren.

Im Jahr 2001 kamen US-amerikanische Soldaten – angeblich, um die Taliban zu bekämpfen.

Die US-Intervention besiegte die Taliban jedoch nicht, sondern verschaffte ihnen nur mehr Zulauf und ließ die Zahl der Toten weiter anwachsen.

Bis heute beherrschen die Taliban weite Teile des Landes, das noch immer von Unruhen erschüttert wird.

Es gab immer Ungerechtigkeit auf der Welt und gibt sie noch heute. Ebenso verhält es sich mit dem Krieg. Ich frage mich immer wieder, ob es bis in alle Ewigkeit so bleiben wird? Diese Frage beschäftigt mich sehr, doch bislang habe ich keine Antwort darauf gefunden.

Nachrichten zu hören oder zu lesen, macht mich oft traurig und beschwert mein Herz auf schmerzliche Weise.

Meine Frau setzt sich den Nachrichten nicht mehr aus, seit

sie über acht lange Jahre hinweg im Krieg zwischen dem Irak und dem Iran gelebt hat. Zuvor war sie den Unruhen der Iranischen Revolution ausgeliefert und erlebte später den Terror, der auf den Straßen tobte und sich gegen die neue Regierung richtete. Nachrichten erinnern sie an all die schrecklichen Bilder aus dieser Zeit und bewirken, dass sie von den damit verbundenen Emotionen übermannt wird. Sie muss dann fürchterlich weinen und es dauert lange, bis ich sie mit viel Mühe und Liebe beruhigen kann. Kriegserinnerungen graben sich besonders tief in das Gedächtnis von Menschen und insbesondere Kindern ein und bleiben dort für immer gespeichert. Sie werden niemals gelöscht, selbst dann nicht, wenn derjenige, in dessen Erinnerung sie sich eingebrannt haben, König wird.

Als ich im Januar 1954 nach Deutschland kam, war ich mit meinen zwanzig Jahren noch recht jung. Dennoch nahm ich sehr bewusst wahr, dass alle Deutschen Kriegserinnerungen hatten. Außerdem konnte ich mit eigenen Augen sehen, wie der Krieg das deutsche Volk gezeichnet hatte: Viele Menschen waren verstümmelt und wiesen Narben im Gesicht auf. Oft begegneten mir Invaliden, denen Arme oder Beine fehlten.

Wer einen Krieg erlebt oder seine Folgen gesehen hat, hasst ihn.

Doch die junge Generation von heute hat (zum Glück) keine Vorstellung mehr von Krieg, Hunger und davon, wie es ist, wenn das eigene Zuhause einer Bombe anheimgefallen ist. Der alten Generation ist es mit viel Mühe gelungen, für ebendiese junge Generation ein gutes Leben aufzubauen, in dem Krieg nicht als akute Bedrohung empfunden wird.

Wenn fünf Meter von uns entfernt ein Unfall passiert, ein Feuer ausbricht oder ein anderes Unglück geschieht, können wir das, was sich ereignet hat, (mit)fühlen. Aber wenn sich das

Gleiche in 5000 Metern oder gar 5000 Kilometern Entfernung abgespielt hätte, würden wir nur durch die Nachrichten etwas darüber erfahren. Es würde uns traurig machen und später könnten wir es vielleicht vergessen. Wenn es in nur fünf Metern Entfernung passiert wäre, würden wir noch lange weiter darüber sprechen. Wenn das Dach unseres Hauses plötzlich einstürzt, können wir mit allen Sinnen fühlen, was das bedeutet. Wenn das Gleiche jedoch jemand anderem auf der anderen Seite der Erde widerfährt und wir etwas davon mitbekommen, wird es, auch wenn wir es traurig finden, rasch in Vergessenheit geraten. Den Einsturz unseres eigenen Daches dagegen werden wir nie vergessen.

Die jungen Menschen kennen den Krieg nicht aus eigener Anschauung, sondern nur aus den Erzählungen von Eltern und Großeltern und den Berichten über vorangegangene Generationen. Und natürlich aus den Nachrichten. Berichte über Kriege in anderen Teilen der Welt haben Deutsche aller Generationen immer wieder dazu bewegt, zu helfen.

Im Fall eines Krieges und in Anbetracht von Hungersnöten oder Naturkatastrophen wie etwa Erdbeben ist Deutschland nicht selten eines der ersten Länder, das Hilfe leistet.

Manche Menschen brechen sogar auf, um selbst als Helfer in Krisengebieten aktiv zu werden.

Venezuela ist ein reiches, katholisches Land. Die Bevölkerung lebte in Frieden und Freiheit mit einem Führer, der sein Land liebte und hart an dessen Fortschritt arbeitete. Vor einigen Jahren starb dieser Führer jedoch.

Heute leiden die Menschen in dem ehemals wohlhabenden Land unter Armut und Hunger und viele von ihnen sehen sich gezwungen, in die Nachbarländer zu flüchten, in denen ebenfalls große Not herrscht.

Und niemand fragt, wo der ganze Reichtum geblieben ist.

Seit dem Frühjahr 2015 wird der vergleichsweise kleine Jemen von Saudi-Arabien bombardiert. Moslems töten Moslems. Wieder sterben arme und wehrlose Menschen. In den Nachrichten wird in regelmäßigen Abständen kurz darüber berichtet. Ob darauf wohl jemand reagiert hat?

Die Tötung der Menschen im Jemen zählt vermutlich mit zu den größten Katastrophen des 21. Jahrhunderts.

Kann man sich Verbrechen eines solches Ausmaßes überhaupt vorstellen? Das Sterben von so vielen unschuldigen Menschen und besonders Kindern durch Bombardements, Hunger, Durst und durch die schreckliche Situation ausgebrochener Krankheiten?

Ist all die Gleichgültigkeit und Ignoranz demgegenüber nicht beschämend für die ganze Welt?

Vor einigen Jahren kam es in Ägypten zu einem Putsch, infolgedessen ein Diktator die Macht übernahm.

Er befahl Massenmorde und ließ Menschen in den Straßen öffentlich hinrichten oder in Wohnungen ermorden. Von der Tötung all dieser Unschuldigen hat man in den Nachrichten nur wenig gehört.

Haben die Vereinten Nationen in dieser Zeit geschlafen? Warum ist die Welt in Anbetracht der Massenmorde in Ägypten ruhig geblieben und hat die Rechte dieser Menschen nicht verteidigt?

Manchmal habe ich den Eindruck, dass alle Kräfte mobilisiert werden, wenn sich ein Hund, eine Katze, ein Hase oder eine Maus in Gefahr befindet und gerettet werden soll. Das finde ich herrlich. Allerdings scheinen manche Menschen mit ihren Mitmenschen kein Mitleid zu haben. Das ist beschämend.

Dann hat das Grauen Syrien zu fassen bekommen.

Die Supermächte bombardierten das Land mit modernsten Waffen. Dabei wurde auf Kosten der Menschen in Syrien das gesamte Waffenarsenal getestet und das Land mit weiten Teilen seiner jahrtausendealten Kultur für immer zerstört.

Die Menschen führten ein schönes, ruhiges Leben, bis plötzlich der Krieg über sie hereinbrach. Den Nachrichten konnte man entnehmen, dass sie von ihrer eigenen Regierung beschossen wurden. Unter dem Vorwand, Terroristen und Staatsfeinde zu töten, vernichtete sie ihr eigenes Land und Volk!

In Wirklichkeit handelte es sich zumindest eingangs nicht um einen Krieg, sondern um Massenmord an der Bevölkerung.

Warum? Auch auf diese Frage habe ich noch keine Antwort gefunden. Klar ist nur, dass in großem Stil modernste Waffen verkauft und erprobt wurden.

Wenn ein ganzes Land bombardiert und dabei in Kauf genommen wird, dass unschuldige Zivilisten sterben, befinden sich alle Menschen dort in Lebensgefahr – völlig unabhängig davon, zu welcher Religion, Hautfarbe oder welchem Geschlecht sie gehören, und davon, ob sie arm, reich, jung oder alt sind.

Der Bombenhagel machte auch in Syrien keinen Unterschied und forderte seine Opfer unter allen Syrern. Dementsprechend starben nicht nur Moslems. Aber da Syrien ein islamisches Land ist, waren die meisten Toten und Obdachlosen unter Moslems zu beklagen.

Niemand kann wirklich nachvollziehen, was in Syrien geschehen ist, und niemand außer denjenigen, die es erlitten haben, spürt das Leid, das den Frauen, Kindern und Männern dort widerfahren ist.

Wir kennen das alles nur aus den Nachrichten, in denen über Bombardements, die Tötung von Menschen und die Zerstörung von Häusern berichtet wird.

Lässt es sich nachfühlen, was das alles bedeutet? Wie viel Unheil und welcher Schmerz dieser Katastrophe innewohnt?

Warum wird die Tragödie des Krieges immer aufs Neue wiederholt?

Seit mehr als fünf Jahren ist Syrien jetzt schon »dran«. Die Syrer sind heimatlos geworden. Der Zustand ihres Volkes ist dem der deutschen Bevölkerung während und nach dem Zweiten Weltkrieg nicht unähnlich.

Dem deutschen Volk blieb nach dem Krieg ein zerstörtes und zerrissenes Land. Es war nichts mehr übrig geblieben, für das es sich kämpfen ließ. Nur die Menschen, die ein Dach über dem Kopf und Brot zum Überleben benötigten, das zur Mangelware geworden war.

Von Syrien ist außer dem zerstörten Land auch kaum etwas geblieben, für das man kämpfen kann.

Das deutsche Volk müsste das syrische Volk eigentlich gut verstehen können.

Als die Bomben ihre Häuser dem Erdboden gleichgemacht und weite Teile Syriens zerstört hatten, flüchteten die überlebenden Syrer zu Fuß in alle Himmelsrichtungen. In der Hoffnung, an einen Ort zu gelangen, an dem sie sicher waren, liefen sie über Tage, Wochen und ganze Monate hinweg. Viele von ihnen waren verletzt und viele starben auf dem Weg. Und diejenigen, denen die Flucht über die Grenze gelang, wussten nicht, wie ihre Zukunft aussehen würde.

Die umliegenden Staaten sind allesamt nicht reich. Doch jedes der Nachbarländer nahm Millionen von Menschen auf.

Nach dem Zweiten Weltkrieg war das deutsche Volk sehr verärgert und traurig darüber, dass sein Land geteilt wurde.

Auch diejenigen, die an Hitler geglaubt hatten, waren unglücklich und unzufrieden.

Ob Syrien auch geteilt werden wird? Wird der Name »Syrien« dann von der Weltkarte gestrichen?

Das, was in Syrien geschieht, war und ist kein Krieg, sondern Völkermord und Vernichtung!

Immer wieder bringt die Weltgeschichte neue Tragödien hervor und das Leid beginnt, sich zu wiederholen.
Wie konnte die Menschheit bloß so entsetzlich unbarmherzig werden?

Ein paar dieser Menschen gelangten schließlich nach Europa. Einige der europäischen Länder nahmen Geflüchtete auf, viele andere Länder Europas und der Welt taten dies jedoch nicht!

Die meisten Deutschen haben die geflüchteten Menschen herzlich empfangen. Die ganze Welt konnte in den Nachrichten sehen, wie eine große Hilfswelle anrollte und Geflüchtete mit Wasser, Brot, Suppe und anderen Speisen, warmen Kleidungsstücken, Decken und sogar Blumen begrüßt wurden.
Es ist klar, dass es für ein Land nicht einfach ist, einen großen Flüchtlingsandrang zu bewältigen. Aber warum muss es überhaupt Kriege geben, die zu einem solchen Andrang führen? Ob das osteuropäische Benehmen gegenüber Flüchtlingen in Vergessenheit geraten wird?
Schließlich hat sich keiner der Geflüchteten freiwillig in seine Situation begeben. Die Menschen sind nur deshalb in fremde Länder gegangen, weil sie mussten.
Die Mehrheit der Deutschen hat gerne geholfen. Einer Minderheit von ihnen hat die finanzielle Mehrbelastung, die mit

der Aufnahme von Geflüchteten einhergeht, Angst gemacht. Diese Menschen waren – vielleicht, weil sie selber finanzielle Probleme hatten? – nicht einverstanden mit der bundesdeutschen Flüchtlingspolitik. Das bedeutet nicht zwangsläufig, dass diese Menschen ausländerfeindlich sind. Manche von ihnen haben jahrzehntelang hart geschuftet und fühlen sich nun um die Früchte ihrer Arbeit betrogen, weil sie sparsam sein müssen und teilweise an oder gar unter der Armutsgrenze leben.

Diese Leute befürchten, wegen der Flüchtlingshilfe noch ärmer zu werden. Wie schön wäre es doch, wenn uns die Regierung immer gut und richtig über Flüchtlinge informieren würde. Dadurch würden sich viele Diskussionen erübrigen.

Wir brauchen junge Menschen.

In Deutschland fehlen Teile der jungen Generation, weil hier im Vergleich zu anderen Ländern nur wenige Kinder geboren werden. Deshalb brauchen gerade wir junge Menschen, um unsere Zukunft gestalten zu können.

Die meisten Flüchtlinge sind sehr junge Menschen oder Kinder. Deshalb verkörpern sie ein großes Potenzial für Deutschland. Ich bin davon überzeugt, dass die Flüchtlingspolitik unserer Frau Bundeskanzlerin den Interessen und Bedürfnissen der Bundesrepublik entspricht.

Es ist mir ein Rätsel, warum in einem Land, das so reich ist wie Deutschland, so viele Menschen und insbesondere Rentner so große finanzielle Probleme haben.

Wie erwähnt, habe ich mit eigenen Augen gesehen, wie ältere Menschen bekümmert den kargen Inhalt ihrer Geldbörsen geprüft haben, um dann doch z.B. von der Tasse Kaffee Abstand zu nehmen, die sie offensichtlich gerne getrunken hätten.

Ob wir uns wohl auf einen Dritten Weltkrieg einstellen müssen?

Warum gibt es überall auf der Welt Menschen, die sich nicht scheuen, aus Katastrophen und dem Leid anderer Kapital zu schlagen?

Ich habe 84 Länder bereist und dort mit großem Interesse vieles erkunden können. Dabei habe ich keine zivilisierte Gesellschaft kennengelernt, die sich so sehr durch Hilfsbereitschaft auszeichnet wie das deutsche Volk.

Ich hoffe sehr, dass das so bleibt. Doch manchmal liest man in der Presse von Gebieten, in denen die Menschen keine gute Beziehung zu Geflüchteten haben. Es gibt sogar Fälle, in denen Notunterkünfte angezündet und Geflüchtete geschlagen wurden.

Warum haben die Menschen vergessen, dass sich das deutsche Volk einst in einer ähnlichen Situation befunden hat wie das syrische heute?

Für einen Helfer macht es keinen Unterschied, ob die Menschen, die seine Hilfe benötigen, schwarz oder weiß, reich oder arm, Juden, Christen, Moslems, Atheisten oder Gläubige anderer Religionen sind.

Er sieht seine Aufgabe darin, das gebrochene Herz und den gepeinigten Geist zu beruhigen und beabsichtigt nicht, weitere Schmerzen zu verursachen.

Es gibt eine weitbekannte Redensart, die besagt, dass kein Salz auf Wunden gestreut werden sollte.

Wenn so etwas in einem Dritte-Welt-Land passiert, verwundert es nicht sehr, weil dort Armut vorherrscht, die Einkommen sehr gering ausfallen, es keine Unterstützung von Regierungsseite gibt und das Geld helfen kann, das eigene finanzielle Überleben zu sichern.

Wenn es aber in einem reichen Land wie Deutschland geschieht, in dem es Arbeitslosengeld gibt und in dem die medizinische Versorgung und Medikamente fast kostenlos zu haben sind und in dem die Regierung hilft, wenn es beispielsweise schwierig wird, die Miete zu bezahlen, ist das nicht nachvollziehbar.

Was denkt ein Asylant, wenn er in einem solchen Land einmal pro Tag erlebt, dass so etwas passiert?

Deutschland ist ein sehr reiches Land. Warum müssen trotzdem so viele Kinder und alte Menschen in Armut leben?

Ich bin zutiefst überzeugt davon, dass Deutschland das sozialste Land Europas, wenn nicht gar der ganzen Welt ist.

Es gibt Krankenversicherungsschutz für alle, sehr gute Krankenhäuser, viele Rettungswagen und in jedem Bezirk mindestens eine verantwortliche Feuerwehrwache und Polizeistation. Das soziale Netz und insbesondere die ärztliche Versorgung haben Vorbildcharakter. Ich wünsche mir, dass das immer so bleibt.

Vielleicht teilt der eine oder andere meine Meinung nicht. Doch das Recht auf freie Meinungsäußerung, das vom Grundgesetz abgesichert wird, ermöglicht uns, alles zu sagen, was wir denken.

Kritik betrachte ich als Ausdruck von Interesse und Liebe. Weil ich Deutschland so liebe, erlaube ich mir manchmal, es zu kritisieren.

Warum tun mächtige Staaten schwachen Ländern so viel Unrecht an?

In den armen Ländern sind die Lebensbedingungen oft so schlecht, dass viele Menschen sich genötigt sehen, auszuwandern und in anderen Ländern für sehr geringe Einkommen zu arbeiten, um zu überleben.

Im Jahre 1865 schuf Präsident Abraham Lincoln die Voraussetzungen für die Abschaffung der Sklaverei in den Vereinigten Staaten von Amerika.

Heute existiert eine neue Form: Es gibt so viel Armut auf der Welt, dass sich Menschen aus armen Ländern selbst auf den oft problematischen und mühsamen Weg machen und jede Chance zu ergreifen, um in einem besser situierten Land als Arbeiter angenommen zu werden. Ich habe dies in Dubai selber erlebt und mit einigen der Arbeitssuchenden gesprochen. Ein Mann berichtete mir dabei, dass er mit 14 Landsleuten in einem Zimmer leben würde. Darüber war er nicht unglücklich, sondern empfand es als großes Glück, seine Unterkunft mit »nur« 14 anderen zu teilen.

Ein anderer berichtete mir davon, dass er und seine Schicksalsgenossen oft geschlagen werden. Ist das nicht beschämend?!!

Ein großes Problem bestand darin, dass man ihnen den Pass abgenommen und sie dadurch quasi entrechtet hatte.

Wie nennt man so etwas? Ist das nicht Sklaverei?

Warum tut niemand etwas dagegen? Und warum gibt es keine Organisation, die kontrolliert, wie mit diesen Menschen umgegangen wird? Wo bleiben hier die Menschenrechte, die doch angeblich für alle gelten? Oder ist das nur in Dubai so?

Ohne die Einmischung der Mächtigen wäre so manches Problem in manch schwächerem Land gar nicht entstanden. Die Menschen dort haben ohne äußere Einmischung über Jahrtausende hinweg auf ihre Weise gelebt, wenn auch oft in einfachen Verhältnissen. Das könnten sie heute noch tun, wenn man sie in Ruhe gelassen hätte. Doch stattdessen kam der Krieg, beraubte sie ihrer Heimat und machte sie zu Geflüchteten und Asylanten.

Wenn beispielsweise ein Mensch, der vom afrikanischen Kontinent flüchten musste, nach Deutschland kommt, kann er kaum wissen, wie das Leben hier aussieht. Er muss sich in einem fremden Land zurechtfinden und ist von fremden Menschen umgeben, mit deren Kultur und Sprache er sich erst vertraut machen muss. Die Menschen um ihn herum kleiden sich anders, als er es kennt, das Essen schmeckt ganz anders und sogar die Witterungsverhältnisse sind völlig neu für ihn. Es ist also alles fremd. Und doch wird von vielen erwartet, dass sich ein solcher Mensch seiner neuen Umgebung sofort und vollständig anpasst. Aber braucht dieser Prozess nicht Zeit?

Das Problem betrifft nicht nur die Geflüchteten, sondern auch das Land, das sie aufgenommen hat. Die Menschen müssen sich alle erst aneinander gewöhnen und das ist gar nicht so leicht.

Als ich China besucht habe, musste ich selbst feststellen, wie schwer es sein kann, sich komplett anzupassen. In letzter Konsequenz ist es mir nicht gelungen. Ich konnte kein Hundefleisch essen, und auch das Blut einer lebendigen Schlange zu trinken, war völlig indiskutabel für mich. Wenn jemand sein Heimatland freiwillig verlässt, weil er auswandern möchte, ist diesem Schritt in der Regel eine sorgfältige Planung vorausgegangen. Zwar müssen auch diese Menschen innerhalb von kürzester Zeit sehr viel lernen und sich anpassen – Einwanderer haben aber ganz andere Voraussetzungen als Geflüchtete. Allem voran unterscheiden sich Einwanderer von geflüchteten Menschen, weil sie freiwillig in ein fremdes Land gegangen sind.

Eine Muslima, die nach Europa kommt, bekommt rasch

Probleme wegen ihres Kopftuches und ist mit der Lebensart nicht-islamischer Länder nicht vertraut. Dementsprechend kompliziert gestaltet sich die Anpassung für sie. Konkrete Auswirkungen auf Europa und insbesondere Deutschland hat das jedoch nicht.

Manchmal werden Dinge auch überproblematisiert. Ein Beispiel dafür bildet die Debatte um das sogenannte »Burka-Verbot«. Obwohl nur ein verschwindend geringer Prozentsatz der in Deutschland lebenden Muslimas die Burka trägt, wird das vermeintliche »Burka-Problem« so hitzig diskutiert, als ob es keine anderen Probleme geben würde.

Die Entscheidung für das Tragen eines Schleiers ist ebenso sehr Privatsache, wie Religion insgesamt Privatsache ist. Das heißt auch, dass sich niemand in diese Entscheidung einmischen darf.

Und doch stoßen sich viele Menschen daran, wenn Frauen sich verschleiern. Warum? In alten Zeiten haben sich Frauen aller Religionen so gekleidet, dass Arme und Beine verhüllt und die Kopfhaare bedeckt waren. Auf alten Gemälden und Denkmälern kann man das gut sehen.

Bis vor nicht allzu langer Zeit sind Christinnen mit Kopftuch zum Beten in die Kirche gegangen. Auf diese Weise wollten sie ihre Demut gegenüber Gott, Maria und der Kirche zum Ausdruck bringen.

Im Zuge der Modernisierung geriet dieser Brauch ein wenig in Vergessenheit. Doch auch heute gibt es noch Frauen, die ein kleines Kopftuch oder einen kleinen Hut tragen, wenn sie eine Kirche betreten.

Überall auf der Welt gibt es Kirchen mit Bildern und Skulpturen, die Maria mit Kopftuch zeigen. Die meisten Frauen auf der Welt ehren Maria, indem sie ein Kopftuch anlegen, wenn sie eine

Kirche betreten. Alle Frauen, die den Papst besuchen möchten, müssen ein Kopftuch tragen. Und doch tragen manche Frauen in manchen Ländern in Kirchen, in denen Maria verehrt wird, keine Kopfbedeckung. Das erstaunt mich auch in Deutschland.

In Europa trugen Frauen bis vor 60 oder 70 Jahren lange Gewänder mit langen Ärmeln und hochgeschlossenem Kragen und bedeckten ihre Köpfe mit Hüten oder Schleiern.

Haben wir das etwa alles vergessen?

Wenn es keinen Krieg gäbe, müssten wir uns nicht mit Begriffen wie »Flucht« oder »Asyl« befassen.

Und es gäbe auch keine Flüchtlingsheime. Ob jemand weiß, was alles in den Notunterkünften auf der Welt vor sich geht? Sind die Kinder, die darin leben müssen, tatsächlich in Sicherheit?

Und wie verhält es sich mit den ledigen Frauen? Sind sie dort sicher? Ob die Verantwortlichen ihre Asylanträge wohl bearbeiten, ehe sie vergewaltigt werden?

Ob wohl Bestechungsgelder fließen, wenn Formalitäten schnell erledigt werden?

Ob Flüchtlingsheime auf dieser Welt wohl kontrolliert und beschützt werden? Oder kann es mancherorts passieren, dass wie zu Zeiten der Sklaverei mit Geflüchteten gehandelt wird? Haben Menschen, die solch einen Handel betreiben, ihr Gewissen und Gott vergessen?

Ob sie nicht wissen, dass sie eines Tages zur Verantwortung gezogen werden? Ob ihnen nicht bewusst ist, dass alles, was in dieser Welt geschieht, eine Reaktion nach sich zieht?

Es gibt viele große Probleme auf der Welt, die ernst genommen werden müssen. Viele Kinder leben in Not und an vielen Orten auf der Welt herrscht Krieg. Vernichtung, Armut, Obdachlosigkeit und andere schreckliche Dinge sind vielerorts an der Tagesordnung.

Außerdem bedrohen Verschmutzung und sorgloser Umgang mit Ressourcen die gesamte Erdkugel.

Kriege spülen Geld in so manche Kasse – etwa durch den Verkauf von Waffen. Aber wozu sollte Geld gebraucht werden, wenn die Welt unbewohnbar geworden ist?

Die Kriegsführung der Menschen hat weite Teile des Bodens, der Luft und des Wassers verseucht. Hinzu kommt die von Menschen verursachte Strahlenbelastung.

Krebs und andere Krankheiten bedrohen die Menschheit. Deshalb wird stetig an der Entwicklung von Medikamenten und Therapien gegen den Krebs gearbeitet.

Warum muss es Kriege, radioaktive Strahlung und chemische Kampfstoffe geben? Warum muss ausgerechnet Atomkraft für die Stromerzeugung genutzt werden?

Und das, obwohl es so viele Kriegsverletzungen und Krankheiten wie Krebs gibt, die deutlich zeigen, wie verheerend sich Krieg und Radioaktivität auswirken.

Neue Kriege müssen verhindert werden – vielleicht verschlechtert sich der Zustand der Welt dann nicht weiter.

Die Welt ist aus den Fugen geraten und klagt Gott ihr Leid über die Menschheit und ihre Untaten:

»Lieber Gott, ich habe die Kontrolle über mich verloren. Ich werde so böse, dass meine Ozeane Tsunamis entfesseln. Mein Zorn rumort so in mir, dass sein Druck zu Explosionen führt, die feuerspuckende Vulkane an meine Oberfläche treiben.

Manchmal zittere ich auch vor Angst, bis die Erde bebt. An anderen Tagen bin ich so traurig und stöhne so, dass meine

Tränen sich in Fluten verwandeln, die mit Stürmen und Tornados einhergehen. Immer wieder bringen die Menschen mich so zum Weinen, dass sich mein Kummer in Wolkenbrüchen mit Starkregen und Hagel entlädt.«

Und zu den Menschen spricht sie:
»Warum erwacht ihr nicht endlich? Seht ihr denn nicht, dass ich das größte Geschenk bin, das Gott euch gemacht hat?

Ihr führt Kriege und werft Bomben, mit denen ihr meinen Körper verletzt. Ihr quält mich und merkt es nicht einmal.

Wenn ihr euch mit einem Messer einen winzigen Schnitt zufügt, beklagt ihr euch sogleich über eure Schmerzen. Doch meine Leiden seht ihr nicht. Ihr Menschen quält mich so, dass ich versucht bin, mich zur Sonne oder den anderen Sternen zu werfen, um mich selbst zu vernichten.

Ich habe euch Menschen nur Gutes getan – warum tut ihr mir so viel Schlechtes an?

Ihr habt alle meine Bäume gefällt und meine Wälder vernichtet. Die Tiere sind heimatlos geworden und vom Aussterben bedroht. Ihr überfallt meine Meere, fangt meine Fische und vergiftet viele andere Bewohner. Meine Wale ermordet ihr für eure Kosmetik. Wenn ein Hai einen Menschen angreift und verletzt oder tötet, seid ihr alle traurig. Und wenn ein Wal ein Boot zum Kentern bringt, werdet ihr wütend. Ihr wollt einfach nicht wahrhaben, dass die Meere die Heimat dieser Tiere sind. Haie, Wale und viele weitere Lebewesen haben hier ihren dringend benötigten Lebensraum. Warum könnt ihr das nicht respektieren und euch diesen Lebewesen gegenüber respektvoll verhalten?

Mittlerweile sterben die Fische im Wasser und nicht erst auf dem trockenen Land.

Ihr feiert und macht Picknick. Euren Abfall werft ihr einfach in die Landschaft oder versenkt ihn in Flüssen und Meeren und vergiftet damit die Wassertiere.

Ich habe Gott mein Leid über euch geklagt.

Als ich die ersten Menschen sah, habe ich mich gefreut. Endlich war ich nicht mehr alleine. Die Liebe zwischen Adam und Eva wärmte mein Herz. Dass sie Kinder bekamen und immer mehr wurden, machte mich glücklich. Doch jetzt ist von der Liebe nichts mehr zu spüren. Ihr wollt mich vernichten.

Ihr Menschen seid die klügsten Geschöpfe Gottes. Warum besinnt ihr euch nicht auf die Liebe, sondern zerstört alles?

Ihr solltet erwachen, bevor es zu spät ist!«

Ich frage mich, warum manche Menschen ihre Fehler als Schicksal oder als Gotteswillen betrachten. Warum behaupten sie, wenn etwas schiefläuft, dass es das Schicksal war, das zugeschlagen hat? Warum sagen sie, es war Gottes Wille?

Hat Gott etwa gesagt, dass

– ihr töten sollt?
– ihr Kriege führen sollt?
– ihr vergewaltigen sollt?
– ihr betrügen sollt?
– ihr plündern sollt?

Nein, das hat Gott nicht gesagt.

Gott hat uns Herz und Hirn gegeben.

Unser Gehirn kann gute oder schlechte Ideen hervorbringen. Es kann teuflische oder positive Gedanken entwickeln. Und es kann mörderische Pläne aushecken oder rettende Lösungen finden.

Unser Herz kann hart und grausam sein oder von Hilfsbereitschaft, Güte und Liebe erfüllt.

Die Welt wird für Geld zerstört. Doch all das Geld wird uns nicht helfen, wenn wir uns keinen einzigen Quadratmeter gesunde Erde davon kaufen können. Wenn alles zerstört ist, gibt es keinen Unterschied zwischen Arm und Reich mehr. Selbst, ob Krieg oder Frieden vorherrscht, ist dann egal. Wenn wir unserem Ende entgegenblicken, zählen nur unsere Taten.

Ich für meinen Teil würde mir wünschen, dass die Menschen eines Tages sehen, dass ich nicht am Besitz festgehalten, sondern mich darauf konzentriert habe, verantwortungsbewusst zu handeln, um reinen Gewissens zu gehen.

Warum haben die Menschen Gottes Gesetze nicht eingehalten? Warum haben sie Gott vergessen? Die Propheten Gottes haben sich nach Frieden gesehnt. Wie kann die Menschheit das ignorieren?

Die Gottesgesandten haben der Welt Frieden, Liebe und Freundschaft gebracht. Wie konnte das in Vergessenheit geraten?

Für keinen Krieg, für keinen Massenmord, für keinen Verrat, für keine Form der Unterdrückung und für keine von all den Plünderungen und Vergewaltigungen auf der Welt hat sich je jemand vollständig verantwortet.

Ob jemals jemand aus tiefstem Herzen gesagt hat: »Es tut mir leid.«?

Warum haben die Menschen die Friedensbotschaften der Gottesgesandten vergessen?

Ob auf der Welt wohl eines Tages Frieden herrschen wird?

Wenn alle Kriege auf der Welt beigelegt werden und keine neuen mehr ausbrechen, ist es für die Rettung der Menschen und anderen Lebewesen vielleicht noch nicht zu spät. Vielleicht.

Wenn die Menschen alle Feindschaft begraben, ihre religiösen, politischen und nationalistischen Probleme lösen und fortan friedlich, gleichberechtigt und unvoreingenommen miteinander leben, gibt es vielleicht noch eine Chance, unsere Welt zu retten.

Vielleicht.